도쿄 찻집

매력 있는 일본 찻집 77곳

본서는 2011년에 간행된 '東京の喫茶店(도쿄 깃사뗀)'을 문고판으로 만든 것입니다 (文庫化). 책의 내용과 가게의 모습, 가게 주인의 연령 등은 2011년 1월에 취재한 것이지만, 메뉴의 정보만 2015년 8월 현재의 것으로 갱신했습니다.
장소를 옮겼던 '스톤', '보나르', '호리구치 커피'만 다시 취재했습니다.

문고판으로 만들면서 폐점한 가게에 대해서는 과거에 그런 멋진 찻집이 존재했었다는 것을 남기고 싶어서 따로 삭제하지 않고 그대로 게재하였습니다.

도쿄 찻집

초판 인쇄일 2017년 9월 4일
초판 발행일 2017년 9월 11일

지은이 가와구치 요코
옮긴이 지윤철
발행인 박정모
등록번호 제9-295호
발행처 도서출판 혜지원
주소 (10881) 경기도 파주시 회동길 445-4(문발동 638) 302호
전화 031) 955-9221~5 팩스 031) 955-9220
홈페이지 www.hyejiwon.co.kr

기획 · 진행 박혜지
디자인 김희진
영업마케팅 김남권, 황대일, 서지영
ISBN 978-89-8379-940-1
정가 16,000원

Original Japanese title : Tokyo No KISSATEN KOHAKUIRO NO SHIZUKU 77 TEKI
Text Copyright © Yoko Kawaguchi 2011
Original Japanese edition published by Jitsugyo no Nihon Sha, Ltd.
Korean translation rights arranged with Jitsugyo no Nihon Sha, Ltd.
through The English Agency (Japan) Ltd. and Danny Hong Agency.

이 책의 한국어판 저작권은 대니홍 에이전시를 통한 저작권사와의 독점 계약으로 도서출판 혜지원에 있습니다.
저작권법에 의해 한국 내에서 보호를 받는 저작물이므로 무단전재와 복제를 금합니다.

이 도서의 국립중앙도서관 출판시도서목록(CIP)은 서지정보유통지원시스템 홈페이지(http://seoji.nl.go.kr)와 국가자료공동목록시스템(http://www.nl.go.kr/kolisnet)에서 이용하실 수 있습니다.(CIP제어번호 : CIP2017014691)

도쿄 찻감
매력 있는 일본 찻집 77곳

혜지연

머리말

찻집이나, 커피숍을 운영한다는 것은 닫힌 자그마한 공간 안에서 매일 그저 묵묵히, 쉬기 위해 찾아오는 사람들을 위해 계속 커피를 내리는 일을 말합니다.
"하지만 이 사회가 어떻게 되어도 상관없다는 것이 아니지요. 한 명의 손님을 위해 정성껏 내린 한 잔의 커피를 그 손님이 맛있다고 느껴주셨다면, 이번에는 눈앞에서 그 커피가 만들어지는 것을 보고있던 사람이 자신도 그렇게 다른 사람을 위해서 정성을 들이는 일을 하려고 하지 않을까요. 그렇게 해서 다른 사람이 정성스럽게 또 성실하게 남을 위해주고 그 배려를 받은 사람이 또 다른 사람을 위해 같은 배려를 한다면, 이런 배려가 점차 퍼져나가 이 자그마한 커피가 사회를 지탱하게 만들어주는 벽돌 중의 하나로 그 역할을 하지 않을까요."
다이보(大坊) 커피점의 마스터인 다이보 카츠지(大坊勝次)씨는 그렇게 말했습니다.
그러나 설령 그것이 작은 벽돌이라고 해도 하나하나 없어진다면 아무리 견고한 벽이라 할지라도 언젠가는 무너지게 될 것입니다.
38년에 걸쳐 아오야마 거리의 한 모퉁이를 지키고 있던 다이보 커피점은 2013년 말, 입주해있던 건물의 철거로 인해 문을 닫았습니다.

도쿄 길거리에는 찻집이 많이 있습니다.
사람들에게 사랑받는 도쿄의 여러 찻집들을 모아서 출간했습니다.
이 책을 읽다가 관심이 생기는 찻집이 있다면 도쿄에 가서 실제로 있는 그 가게에 가서 일본 특유의 찻집 분위기를 한 번 느껴보기 바랍니다.
스타벅스는 편한데 찻집은 뭔가 분위기가 달라서…, 왠지 문턱이 높아서… 라는 사람들을 위해 〈차와 함께 시간을 보내는 법〉이라는 페이지를 마련했습니다. 이 책에 등장하는 젊은 편집자는 그 당시에는 찻집도, 커피도 좋아하지 않았지만 지금은 원두를 구입해서 집에서 직접 내려 마실 정도로 커피를 즐기는 커피 마니아로 변신했습ㅣ다.
도시의 재개발, 건물의 노후화, 점주의 고령화 등으로 자그마한 가게의 불빛이 사라져가고 있는데 찻집을 사랑하는 사람들이 '오늘의 한잔'으로 잠시나마 편안한 찻집의 분위기를 즐겨주셨으면 합니다.
협조해주신 여러분들께 감사의 마음을 담아서 이 책을 보여드립니다.

가와구치 요코

목차

입문 ❶ 찻집 문을 두드리기 전에 •012

제 1장 독서와 대화의 공간

01 츠타 커피점(蔦珈琲店) •018
02 후로루 도 카페 기노하나(Flor de Café 樹の花) •022
03 제이쿡(J-COOK) •025
04 스톤(ストーン) •028
05 이 하토 보(イーハトーボ) •032
06 사보 리하쿠(茶房 李白) •036
07 깃사 호다카(喫茶 穂高) •039
08 긴자 웨스토 긴자 본점(銀座ウェスト 銀座本店) •042
09 포에무 고엔지점(ぽえむ 高円寺店) •045
10 차테이 하토(茶亭 羽當) •049
11 코히테이 루앙(珈琲亭 ルアン) •052
12 카페 비슈에(カフェ ビシュエ) •055
13 동구리야(どんぐり舎) •059
14 모노즈키(物豆奇) •062
15 단테(ダンテ) •065
16 자슈몽(邪宗門) •067

17 타지마야 커피점 본점(但馬屋珈琲店 本店) · 070
18 지카바이센 커피 봉(自家焙煎珈琲 凡) · 074
19 코히도코로 보나르(珈琲処ボナール) · 077
20 호쿠라 커피점(保久良珈琲店) · 080
21 유리아페무페루(ゆりあぺむぺる) · 083
22 톰보로(トンボロ) · 086
23 차노코(茶乃子) · 089
24 코히도죠 사무라이(珈琲道場 侍) · 091
25 크리스티(クリスティー) · 094
26 깃사 쿠라(喫茶 蔵) · 097

입문 ❷ 차와 함께 시간을 보내는 법 · 100

제 2장
한 잔의 커피에서 얻는 것

27 카페 도 람부루(カフェ ド ランブル) · 106
28 카페 바하(カフェ バッハ) · 111
29 다이보 커피점(大坊珈琲店) · 116
30 호리구치 커피 세다가야점(堀口珈琲 世田谷店) · 121
31 웨스턴 키타야마 커피점(ウェスタン北山珈琲店) · 126
32 쥬이치보 커피점 카페 베세(十一房珈琲店 Café BECHET) · 130
33 카페 두와조(CAFÉ DEUX OISEAUX) · 133
34 붸루데(ヴェルデ) · 136
35 야마네코 커피점(山猫珈琲店) · 138
36 쿠사마쿠라(草枕) · 140

- 찻집 에세이 1, 2 · 142

제 3장
찻집 공간의 스타일

37 카페 안세뉴 당구루 하라주쿠점
　(カフェアンセーニュダングル 原宿店) ・148

38 카화분나(カファブンナ) ・152

39 카페 토로와 샹부루(カフェ トロワ シャンブル) ・154

40 카페 뚜쥬르 데뷰테(CAFÉ TOUJOURS DÉBUTER) ・156

41 카페 베루 에퀴프(Café Belle Equipe) ・159

제 4장
매혹의 한 접시, 찻집의 명물 메뉴

42 베르크(BERG) ・166

43 두(ドゥー) ・172

44 나츠에노 토비라(夏への扉) ・175

45 쿠구츠소우(くぐつ草) ・178

46 사보 무사시노 분코(茶房 武蔵野文庫) ・181

47 로지나 사보(ロージナ茶房) ・183

48 나나츠 모리(七つ森) ・186

49 카페 카사(Cafe 香咲) ・189

50 카페테라스 와코(カフェテラスワコー) ・192

51 빙야 커피점 에비스점(備屋珈琲店恵比寿店) ・194

52 Ken's 커피점(Ken's 珈琲店) ・196

53 커피전문점 론(珈琲専門店 論) ・198

54 원자(ウィンザー) ・200

제 5장
간다 진보쵸 · 헌책방 거리의 찻집

55 사보우루(さぼうる) ・204

56 미롱가 누오바(ミロンガ ヌオーバ) ・209

57 라도리오(ラドリオ) ・212

58 하쿠스이도(柏水堂) ・216

59 카페 토로와바구(カフェ トロワバグ) •219
60 카페 데 프리마베라(カフェ デ プリマベーラ) •221
61 사보 칸도루(茶房 きゃんどる) •224
62 갸라리 커피점 고세토(ギャラリー珈琲店 古瀬戸) •228
63 가즈마 커피점 진보쵸점(壹眞珈琲店 神保町店) •232
64 코히샤 쿠라(珈琲舎 蔵) •236
65 커피전문점 에이스(珈琲専門店 エース) •240
66 사보 간다브라지루(茶房 神田伯刺西爾) •243
67 만소 후르츠파라 본점(万惣フルーツパーラー本店) •246
68 카페 티샤니(カフェ ティシャーニ) •248

제 6장
재즈 찻집
· 명곡 찻집의
시대

69 더그(DUG) •252
70 이구루(いーぐる) •255
71 지니아스(GENIUS) •258
72 메아리 젠(Mary Jane) •262
73 존 헨리즈 스타디(John Henry's Study) •265
74 메이쿄쿠 깃사 라이온(名曲喫茶 ライオン) •268
75 르네상스(ルネッサンス) •271
76 헤이킨리츠(平均律) •274
77 피아노 훠루테(ピアノフォルテ) •277

입문 ❸ 찻집과 카페의 차이는 무엇입니까? •280

일러두기

깃사뗑(찻집)(喫茶店) : 일본 원서의 제목은 도쿄의 깃사뗑(끽차점 : 찻집)인데, 한국어로 그대로 번역하면 차를 마시는 곳이라는 의미이지만, 깃사뗑은 꼭 차만 마시는 곳이 아니라 가벼운 식사라든가 술도 마실 수 있는 곳도 있고, 또 음악 감상을 할 수 있는 곳이기도 합니다. 한국어로는 적당히 번역할 말이 없어 이 책에서는 찻집으로 통일하였습니다. 한국의 옛날식 다방, 음악 다방 그리고 현대식 커피숍의 기능과 카페의 기능을 모두 포함하고 있는 곳입니다. 다방으로도, 커피숍으로도, 카페로도 정의할 수 없으니, 그 찻집이 카페인지 커피숍인지 다방인지는 독자들의 몫으로 남겨둡니다.

도쿄 찻집　東京の喫茶店

입문 ❶

찻집 문을 두드리기 전에

등장인물
🅚… 이 책의 저자, 가와구치 요코. 찻집 마니아. 물론 카페도 좋아함.
🅢… 이 책의 편집자, 20대 남자. 주로 카페를 이용한다.

― 좋은 찻집에 필요한 것 ―

❶ 마음이 편안해지는 공간(心やすまる空間)
❷ 맛있는 커피(おいしいコーヒー)
❸ 겸손한 주인(控えめな店主)
❹ 세련된 손님(粋なお客さま)

🅢 그럼 가와구치씨, 위의 네 가지에 대해 설명해주시지요.

🅚 하하. 이 네 줄의 앞 글자만 읽고, 뭔가 눈치채지 못했어요?

🅢 예?

🅚 〈코오히이(커피의 일본어 발음)〉입니다.

🅢 …앗. 진짜 그렇네요(웃음). 그럼 〈코오히이〉의「코」부터 부탁합니다.

🅚 코코로 야스마루 쿠우칸(마음이 편안해지는 공간).

🅢 요컨대 인테리어나 음악이 좋은 찻집의 중요한 요소란 말이죠?

🅚 네. 거기에 가게의 개성이 듬뿍 묻어나니까요.

🅢 예를 들면 차분한 색깔의 소파가 있고, 바로크 음악이 조용히 흐르고….

🅚 맞아요! 전형적으로 마음이 편안해지는 공간이란 말이죠?

13
찻집 입문

S 반대로 마음이 편안해지지 않는 공간이라 하면 지방에 있는 닛코(日光) **(1)**도쇼구(東照宮)와 베르사유 궁전을 섞어놓은 것 같은 호화롭고 화려한 찻집이 있지요.

K 그런 찻집은 배드 테이스트(bad taste : 나쁜 취향), 색다른 찻집으로 분류하도록 하지요.

S 그렇게 해도 되는 거예요?

K 그런 가게도 존재가치는 있다고 생각해요. 만약 전국에 차분하고 바로크 취향만 있는 찻집만 있다면 어떨 거라고 생각하세요?

S 음. 그건 좀 아닌 것 같네요.

K 그렇죠? 찻집 세계에 있어서 중요한 것은 센스보다도 다양성입니다. 가게가 다양하고 각 분야의 균형이 잘 잡혀있어야 카페의 지속 가능성(sustainability)을 높이기 때문이지요. 좀 오버했나요?

S …인테리어를 대략적으로 좀 분류해 주세요.

K 먼저 단정한 스타일, 라운지 스타일, 오두막집 스타일 정도랄까요. 그리고 민속적인 다방 스타일, 마츠키 신페이(松樹新平) 스타일, 미국 서해안 스타일. 그 다음은 엣 홈 스타일(편안한 기정적인 분위기), 배드 테이스트(bad taste) 스타일 정도일까요?

S 마츠키 신페이(松樹新平)가 누구죠?

K 이 사람은 찻집 건축에서 한 세기를 풍미한 건축 디자이너예요. 이 책의 제 3장에서 소개하고 있는 가게를 기억하시면 되요. 찻집 산책을 할 때는 마츠키(松樹)씨의 이름을 기억해두면 좋을 겁니다.

S 기억해 둘게요. 먼지투성이인 지저분한 찻집 같은 것도 마음이 편안해지는 배드 테이스트(bad taste) 스타일로 분류되나요?

K 그것은 논외입니다.

S 네? 어떻게 다르죠?

K 제대로 청소가 되어있지 않다는 것은 손님을 맞이할 마음이 결여되어 있는 것이므로 센스와는 별개의 문제지요. 접대 정신이 얼만큼 있느냐의 문제이지요.

S 아, 소금 이해가 되네요. 그럼 다음은 〈코오히이〉의 「오」인데요. 역시 커피의 맛도 중요할까요?

Ⓚ 음식점으로서의 기본 기능이 제대로 되어 있으면 더할 나위 없지요. 특별히 커피의 맛이 최고일 필요는 없습니다. 보통 정도만 되도 좋습니다. 찻집은 일상적으로 이용하는 곳이니까요.

찻집을 즐기는 마음(깃사 고코로 喫茶心)을 가지고

Ⓢ 그럼 다음으로 넘어가죠. 「히」의 겸손한 주인이란 어떤 뜻이죠?

Ⓚ 손님과 소통하지 못하고 한가지 사고방식(主義)만을 너무 강요한다거나 개성이 너무 강한 주인은 곤란하겠죠? 적당히 그렇다면 다행이지만요.

Ⓢ 적당한 강요라면 괜찮은 거예요?

Ⓚ 재미있잖아요(웃음). 이것은 다음 항목 「이」에 이어지는 건데 매사를 재미있어하는 마음의 여유를 가지면 찻집은 몇 배나 즐거워집니다.
은근하게 유머를 찾아내는 마음. 그 마음을 '찻집을 찾아 즐기는 마음의 준비'라고 할까요.

Ⓢ 차를 찾아 찻집을 즐기는 마음이라….

Ⓚ 어감이 꽤 괜찮지요?

Ⓢ 그러네요. 구체적으로 차를 찾아 찻집을 즐길 줄 아는 세련된 손님이란 어떤 사람인가요?

Ⓚ 글쎄요, 반대의 예를 들면 알기 쉬울지도 모르겠네요. 예를 들면 한 잔씩 일일이 로스팅해서 넬 드립하는 가게에서 커피가 늦게 나온다고 해서 초조해하는 사람은 어떤 느낌이 드시나요?

Ⓢ 아, 마음의 여유가 없는 사람들 말씀하시는 거예요?

Ⓚ 그렇죠. 차가 나올 때까지 느긋하게 잡지라도 읽으면서 기다리자고요.

Ⓢ 아저씨가 스포츠신문을 읽으면서 기다리는 것은요?

Ⓚ 얼마든지 괜찮지요.

Ⓢ 네? 자신이 마음에 드는 찻집에서 어떤 후줄근한 아저씨가 스포츠신문을 펼쳐들고 있으면 기분이 좀 그렇지 않을까요…?

15
찻집 입문

K 아뇨, 신문을 보는 그 아저씨들이야말로 찻집의 중요한 요소에요. 그런 광경들이 있어야 비로소 찻집이라고 말할 수 있지요.

S 결국, 그런 광경을 즐기는 것도 찻집을 즐길 줄 아는 마음이라는 거죠?

K 그렇지요. 잘 이해하셨네요. 가장 중요한 것은 그런 사람들이 있기에 찻집이 존재할 수 있는 것이지요. 그런 사람들을 보면 마음속으로 고맙다고 해야 할 정도입니다.

S 마음속으로 아저씨들에게 두 손 모아 감사의 인사를 하라는 말이군요.

K 그럼 다음 장부터 멋진 「코오히이」가 있는 찻집으로 찻집을 즐길 줄 아는 마음을 가지고 시작해보도록 하죠.

---

(1) **도쇼구(東照宮)** : 도쿠가와 이에야스의 사당이다. 규모는 크지 않지만 금박으로 장식해 화려하다.

제 1장
독서와 대화의 공간

도쿄 찻집 東京の喫茶店

오모테산도　表参道

츠타 커피점
(蔦珈琲店)

ADD 도쿄도 미나토구 미나미 아오아마(東京都港区南青山) 5-11-20
TEL 03-3498-6888
OPEN 10:00~22:00 / 토, 일, 공휴일 12:00~20:00
월요일 휴무

➜ 지하철 오모테산도(表参道)역 B1 출구에서 도보 5분

menu
커피 700엔
커피와 치즈 950엔
홍차 700엔
케이크 세트 1200엔
크로크무슈 세트 1300엔
카레라이스 세트 1300엔

도쿄 찻집 東京の喫茶店

정통파 찻집의 걸작. 찻집이라면 갖추어야 할 모든 것이 여기 있습니다. 담쟁이덩굴로 뒤덮인 벽돌담과 신록이 우거진 중정(中庭), 긴 카운터와 **(1)**텐도 목공의 거무스름한 소파, 매일 직접 볶은 브라질 산토스 No2, 맛깔스런 이야기와 미묘한 농담을 들려주는 주인, 오전 시간대에는 전깃줄에 앉은 참새들처럼 쭉 늘어앉아 신문을 보는 아저씨들, 저절로 그림이 그려지나요?

점주(店主)인 고야마 타이지(小山泰司)씨는 1988년에 건축가 야마다 마모루(山田守)저택의 1층 **(2)**필로티 부분을 개조해서 찻집을 열었습니다.

사람들이 찻집에 바라는 것은 다양합니다. 혼자만의 시간이나 조용한 공간을 원하는 사람, 커피를 마시고 싶은 사람, 점주와 수다를 떨고 싶은 사람들까지… 찻집을 어떻게 활용할 것인지는 손님이 마음대로 정하면 된다고 고야마(小山)씨는 이야기합니다.

"제가 그 기대에 부응하는 방법은 매일 변함없이 맛있는 커피를 내놓는 것이라고 생각합니다. 가게를 바꾸지 않으면서 계속 유지하기 위해 새로운 아이디어를 내고 일관성을 지키는 것이 꽤 어려운 일이지만요."

아침에 내리는 첫 번째 커피 한 잔과 폐점 시간 가까이 내리는 마지막 커피 한 잔의 맛이 차이가 없도록 페이스를 조절하는 노력도 빠뜨릴 수 없습니다. 또 아이스 커피를 주문하면 고야마씨가 아이스픽으로 얼음덩어리를 깨는 모습을 볼 수 있습니다. 얼음 떨어지는 소리가 귀에 거슬린다고 제빙기를 안 쓰고 예전부터 이용해오던 얼음집에서 배달받아 얼음을 직접 깨가며 사용하고 있습니다.

---

(1) **텐도 목공(天童木工)** : 일본의 유명한 고급 가구회사 이름
(2) **필로티** : 건축물의 1층은 기둥만 서 있는 공간으로 하고 2층 이상에 방을 짓는 형식

"부자가 비싼 물건을 사는 것은 사치가 아닙니다. 우리 같은 찻집이 이런 좋은 얼음을 사용하는 것이 진짜 사치지요(웃음). 그러나 이렇게 시간을 들여 천천히 얼음을 깨는 것으로 찻집의 조용한 분위기를 해치지 않으면서 한편으로는 손님들이 편하게 쉬어갈 수 있는 공간이 되었으면 하는 마음을 가지고 있습니다."

도쿄 찻집 東京の喫茶店

히가시긴자 東銀座

02 후로루도 카페 기노하나
(Flor de Café 樹の花)

ADD 도쿄도 츄오구 긴자(東京都中央区銀座) 4-13-1 이이누마(飯沼) 빌딩 2F
TEL 03-3543-5280
OPEN 10:30~20:00 / 토, 공휴일 12:00~18:00
일요일 휴무
➜ 지하철 히가시긴자(東銀座)역 3번 출구에서 도보 3분

menu
각종 브랜드 커피 680엔
각종 스트레이트 커피 750엔~
각종 북유럽 홍차 800엔
각종 허브티 750엔
치즈케이크 세트 1150엔
콩과 야채카레 900엔

1 독서와 대화의 공간

가부키자(歌舞伎座)에 있는 조용한 뒷골목은 여러 찻집들이 모여있는 찻집 거리입니다. 다양한 개성을 지닌 찻집과 카페들이 있는데 이번의 목적지는 길 모퉁이의 2층에 있는 기노하나입니다. 계단을 올라가 조용하면서도 기품이 있는 가게의 한 쪽 구석에 자리를 잡은 뒤 꼭 진하게 볶은 '(1)호준브랜드'를 주문해보세요.

커피를 로스팅하는 조그마한 곳에서 일주일에 세 번 배달되는 신선한 커피콩을 주문이 들어올 때마다 갈아서 정성스럽게 드립한 커피 한 잔이 나옵니다. 그 깔끔한 쓴맛과 부드러움에 반해버리고 말 것입니다. (2)장정의 명인인 기쿠치 노부요시(菊地信義)씨는 이 한 잔의 맛을 사랑하여 매일 아침 거르지 않고 옵니다. "기노하나의 커피는 한 잔의 책과도 같다. 날마다 새로운 맛을 선사한다." 이것은 기쿠치씨가 개점 25주년 축사로 선물해준 말입니다.

점주인 나루사와 히로코(成沢弘子)씨는 "뜨거운 물을 부어 커피가 서서히 부풀어가는 모습이 마치 자신의 일처럼 느껴지는 날이 있다."고 합니다. 그렇게 커피콩과 마음이 서로 통하는 날은 커피가 특히 맛있게 만들어지는 날이라고 하네요. 가게 이름의 유래는 산행을 좋아했던 나루사와씨의 책장에 꽂혀있던 식물도감의 제목에서 왔습니다. 가련한 흰 꽃을 피우는 커피나무를 생각해서 결정했다고 합니다. 그리고 1979년 기노하나가 개점한지 불과 4일 밖에 지나지 않았을 때, 존 레논과 오노 요코가 이름을 보고 불쑥 들렀다고 합니다. 이름이 찻집의 분위기를 말해줍니다.

---

(1) **호준(芳醇)** : 향과 맛이 좋음
(2) **장정(裝幀)** : 책의 겉장이나 면지(面紙), 도안, 색채, 싸개 따위의 겉모양을 꾸미는 것

25
1 독서와 대화의 공간

가이엔마에 外苑前

03

제이쿡
(J-COOK)

ADD 도쿄도 시부야구 징구마에(東京都渋谷区神宮前) 3-36-26
TEL 03-3402-0657
OPEN 08:00~22:00 / 일요일 11:00~18:00
월요일 휴무
↳ 지하철 가이엔마에(外苑前)역 3번 출구에서 도보 9분

menu
카푸치노 550엔
글라스 와인 550엔
런치 1000엔
각종 스프 650엔
검보 스파케티 900엔
포트 듀 크렘 450엔

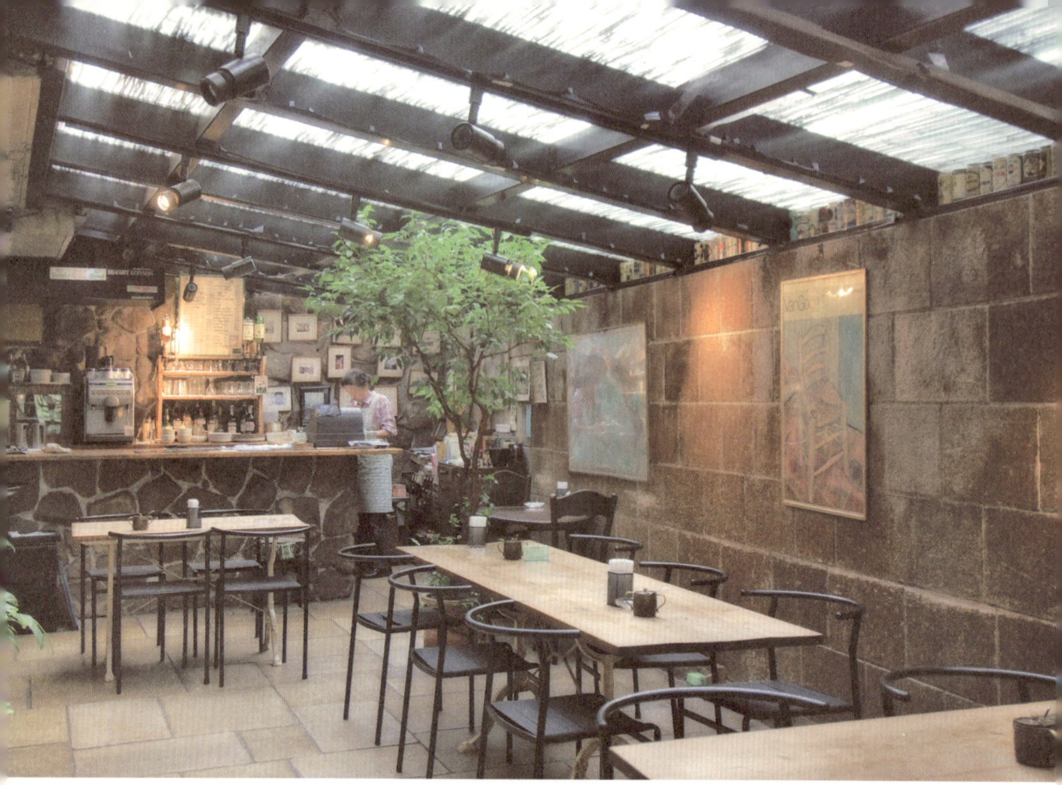

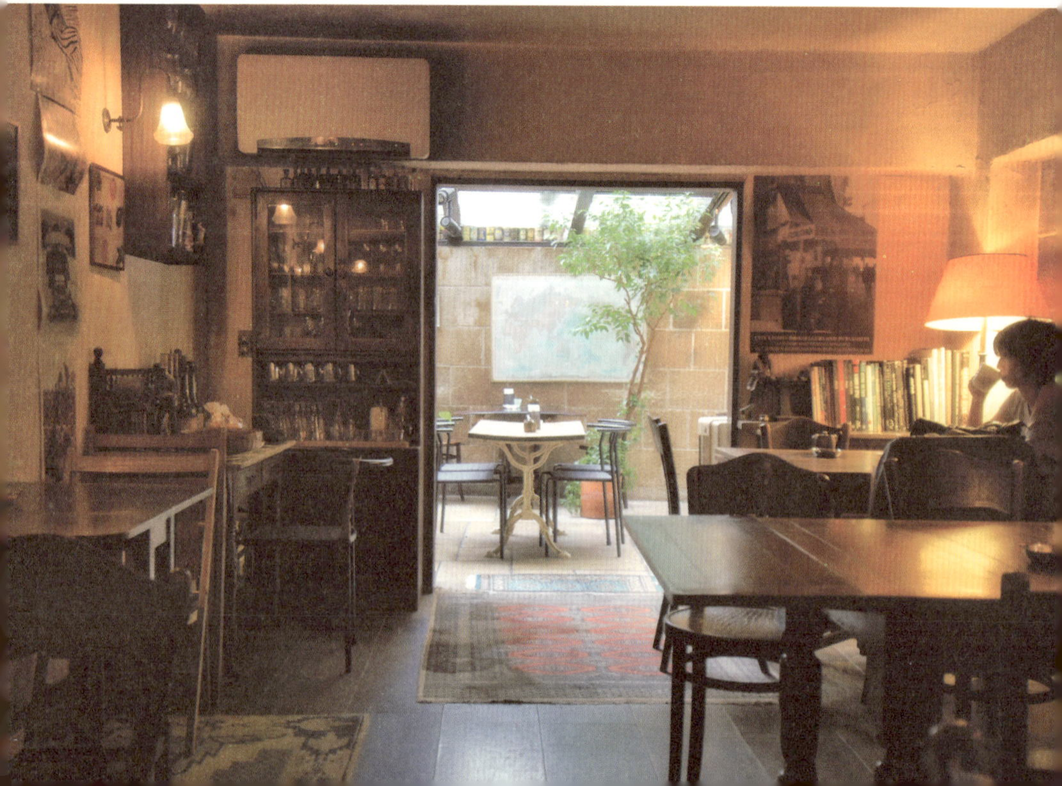

제이쿡은 처음부터 가장 진화한 카페로 등장한 찻집입니다(이보다 더 좋은 카페가 있을 수도 있지만 말입니다).

90년대 후반에 도쿄에 나타난 카페들이 공간과 식문화를 눈부시게 진화시킨 것을 생각하면 87년에 탄생한 제이쿡은 색다른 카페의 선구자였습니다. 다른 한편으로 쇼와(昭和)시대의 좋은 식문화와 통하는 분위기도 가지고 있다는 의미에서는 찻집입니다. 혼자서 조용히 독서를 하는 사람부터 그룹 식사모임까지 자유로운 분위기의 편안함과 현대적인 (1)캇시나 의자에 앉으면 천장에서 자연광이 부드럽게 들어오면서 한쪽 어둑어둑한 카페 안에 있는 앤티크 가구를 비춰주는 램프 등이 대비되는 아름다움을 느낄 수 있습니다.

정성껏 콘소메(맑은 수프)를 만들어, 간단한 식사부터 프랑스 요리에 버금가는 퀄리티까지 기존 요리에 맛의 변화를 조금씩 주고 있긴 하지만 다양한 메뉴들을 20년 이상 바꾸지 않고 있다니 놀랍습니다.

오너 셰프인 나카오 토시히데(中尾年秀)씨는 도쿄, 취리히, 파리 등 유명 레스토랑에서 솜씨를 연마하여 독일 대사관저에서 요리사를 지낸 실력파입니다. 나카오씨는 부인과 둘이서 아침으로 가게에서 단 음식과 에스프레소로 먹는 습관도 20년 이상 이어오고 있다고 합니다.

---

(1) **캇시나** : 모던한 가구의 대표적인 고급 가구회사

도쿄 찻집 東京の喫茶店

유라쿠쵸 有楽町

04

스톤
(ストーン)

ADD 도쿄도 치요다구 유라쿠쵸(東京都千代田区有楽町) 1-10-1 유라쿠쵸 빌딩 징구(ヂング) 1F
TEL 03-3213-2651
OPEN 08:00~20:00 / 토, 일, 공휴일 11:00~18:00
빌딩 휴업일, 연말연시 휴무
➥ JR 유라쿠쵸(有楽町)역 중앙 서쪽 출구에서 도보 1분

menu

핫 커피 480엔~
핫 코코아 640엔~
각종 샌드위치 750엔~
(위의 세 가지 메뉴는 영업시간대에 따라 가격변동 있음)
바나나 플로트 890엔
기린 맥주 작은 병 690엔
커피 젤리 640엔

1 독서와 대화의 공간

쇼와(昭和)시대에 만들어진 모던한 건축양식의 향수가 감도는 유라쿠쵸 빌딩의 1966년 준공과 동시에 1층에 생겨난 스톤은 현대적 분위기의 카페라고 착각할 만큼 매우 스타일리쉬한 공간입니다.

가족끼리 찻집을 운영하는 점주인 오쿠무라(奧村)씨의 본가는 예전부터 석재점을 운영하고 있는데 그래서인지 찻집 스톤은 간단히 말하자면 돌로 만들어낸 쇼룸입니다. 과감하면서도 섬세한 모자이크 바닥이나 채굴할 때 생긴 홈을 그대로 디자인으로 살린 화강암 벽이 시선을 앗아갑니다. 2014년에 (1)켄모치 이사무(劍持勇) 디자인의 의자로 바꾼 것 이외에 현재도 창업 당시의 모습이 소중히 간직되어 있습니다.

80세를 넘기고도 매일매일 온화한 미소로 가게를 지키고 있던 창업자인 오쿠무라 치즈코(奧村智津子)씨를 대신해서 2011년부터는 치즈코씨의 손주가 스톤의 점주를 맡고 있습니다. 스무 살 때쯤부터 15년에 걸쳐 가게일을 거들면서 오랜 세월 동안 가게에 오는 손님들과 따뜻한 대화를 나누고 있습니다.

손주 대에서 부활시킨 왕년의 인기 메뉴가 과일 샌드위치이며, 믹스 주스에는 약간의 변화를 주었습니다. 두툼한 빵에 크림과 바나나를 끼운 흰 샌드와 우유, 바나나, 파인애플에 블러드 오렌지 시럽을 가미한 핑크색 믹스 주스는 맛도 색도 조합이 환상적입니다.

(1) **켄모치 이사무(劍持勇)** : 세계적으로 유명한 일본의 인테리어 디자이너

시모키타자와 下北沢

이 하 토 보
(イーハトーボ)

ADD 도쿄도 세타가야구 키타자와(東京都世田谷区北沢) 2-34-9 도키와(トキワ) 빌딩 2F
TEL 03-3466-1815
OPEN 12:00~24:00
연중무휴
➥ 오다큐선, 케이오선(小田急線, 京王線) 시모키타자와(下北沢)역 북쪽 출구에서 도보 4분

menu
커피(로스트 2종) 500엔
스파이스 밀크티 700엔
홈메이드 진저 에일 700엔
뱅쇼(핫 와인) 650엔
치즈와 빵(드링크 포함) 750엔
핫 초콜릿 650엔

찻집 문화라는 것은 커피를 통해 음악, 문학, 예술의 소통이 이루어지는 것을 의미합니다. 유명하든, 유명하지 않든 뮤지션들의 노래에 등장하는 찻집으로서 이 가게 이름은 유명합니다. 1977년 개점 이래 옛날 모습을 그대로 간직하고 있는 조그마한 가게에 음악관계자들이 자주 나타나는 것은 이곳의 음악 선곡이 아주 뛰어나기 때문입니다. 가게 주인인 이

마자와 유타카(今沢裕)씨는 편집자, 음악평론가로서 활약하였습니다. '새로운 음악(新譜), 새로운 문학(新刊)을 쫓아 어엿 33년'이라는 그의 인생이 이 찻집을 잘 지켜주고 있습니다. 또한 각양각색의 손님들과 만드는 소책자 『HE+ME=2』에는 다양한 소재의 재미가 가득합니다. 사회학자 오구마 에이지(小熊英二)와 이마자와씨의 대담을 정리한 발군의 소책자 『비밀의 찻집』은 나중에 오구마씨의 저서 『대화의 회로(回路)』에도 수록되었습니다. 이렇게 흥미로운 것도 볼거리도 많지만 여기서에서는 아무것도 하지 않고 멍하니 있는 것도 꽤 괜찮습니다.

"혼자 있고 싶어서 오는 사람도 있으니까 말이야."라고 이마자와씨는 말합니다. "고독한 사람한테는 찻집이 꼭 필요해. 비록 하루에 30분이라도, 앉아서 자신을 정리하는 장소가 필요한 거야. 그래서 설날 이외에는 매일 가게를 열고 있고, 『전신소설가』라는 영화가 있었는데 나는 전신찻집으로 이미 찻집을 구성하는 부품 중의 하나가 되어버렸어, 허허."

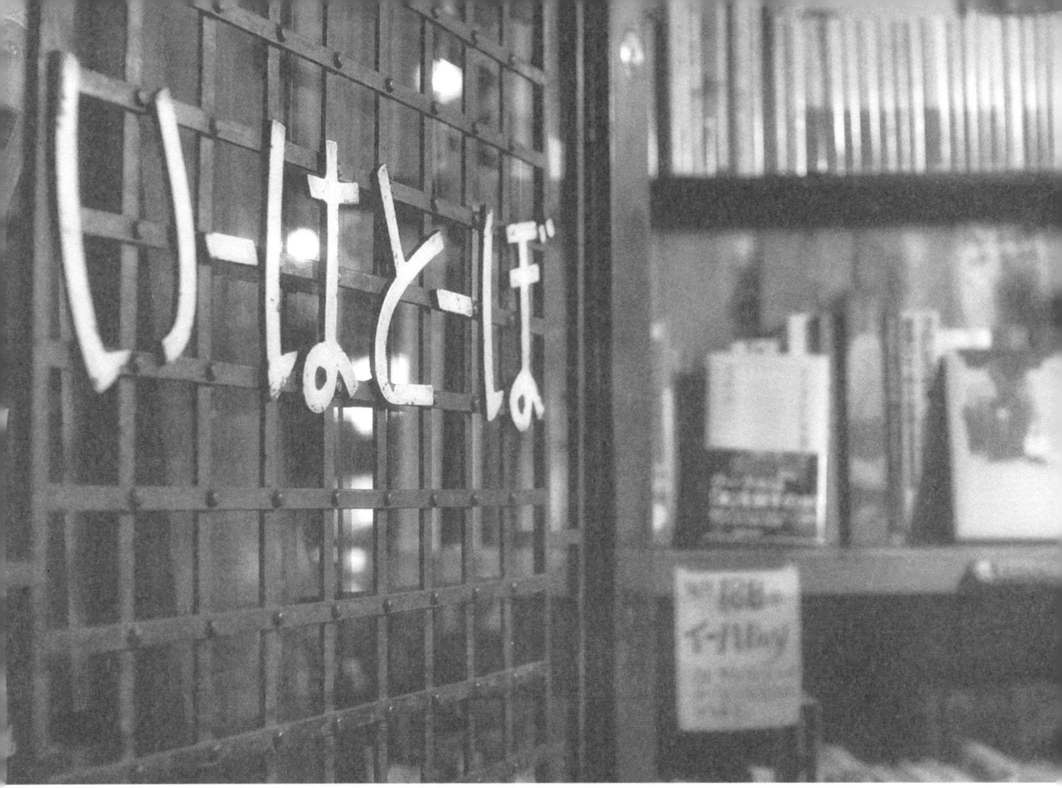
いーはとーぼ

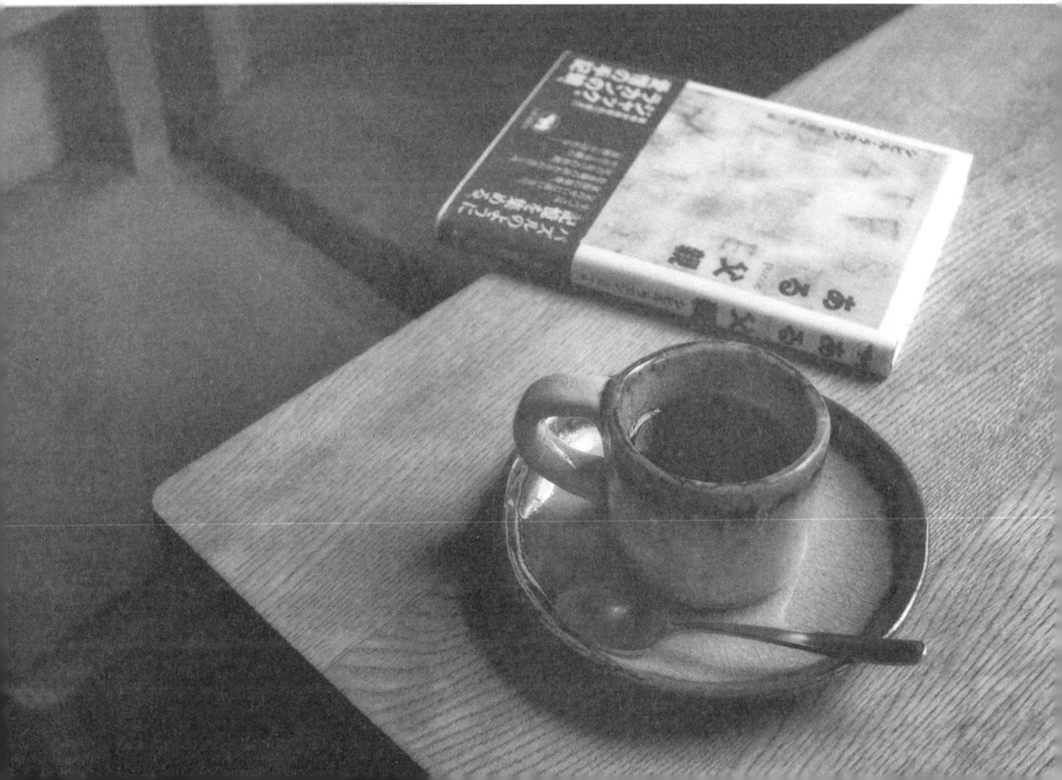

도쿄 찻집 東京の喫茶店

코도 経堂

※ 폐점했습니다.

06 사보 리하쿠
(茶房 李白)

ADD 도쿄도 세타가야구 미야자카(東京都世田谷区宮坂) 3-44-5
➡ 오다큐선(小田急線) 쿄도(経堂)역 북쪽 출구에서 도보 8분
※ 전석 금연

menu
말차(화과자 포함) **1000엔**
녹차(과자 포함) **800엔**
커피(과자 포함) **800엔**
홍차(과자 포함) **800엔**

조선시대의 미술관 같은 독채는 진보쵸(神保町)에서 1954년부터 사랑받아온 찻집이 2005년에 점주인 미야하라 시게유키(宮原重之)씨의 본가로 이전한 것입니다. 신축가옥이 이 정도까지 옛 느낌의 정취를 가지고 있는 이유는 진보쵸에서 50년간 손님을 맞이해온 테이블이랑 의자와 교토, 고려 미술관 관계자에게 조언을 구해 역사깊은 멋진 가구들로 공간을 꾸며 놓았기 때문이지요. 여기저기에 놓인 조선시대 물건들의 우아한 모습에 나도 모르는 사이에 매료되고 맙니다.

1954년 개점 당시에는 모차르트라는 클래식 찻집으로 내부 인테리어도 서양식이었다는 소리를 듣고 놀랐지만 미야하라씨는 "자연스럽게 이조 백자와 눈이 맞아서..."라며 조선시대의 우아함에 매료됨과 동시에 가게에 골동품이 하나씩 늘어가기 시작했다고 합니다.

조선시대의 미술 공예품에서 조용하면서 한 발 물러나는 그런 여유 있는 아름다움을 느낀다는 미야하라씨. "눈을 돌려도 왠지 늘 거기서 기다리고 있어준 것 같은 매력. 평소에는 눈에 띄지 않는 그릇도 가구 배치를 다시하고 조명을 비추는 순간 말로 형언할 수 없는 표정을 보여줍니다."

가게 이름에 있는 '백(白)'은 조선시대의 청렴결백한 정신을 나타내는 색깔입니다. 가야금 소리가 희미하게 흐르고, 정원의 나뭇잎이 스치는 소리까지 전해져 올 것 같은 분위기는 과거를 떠올리기에 충분합니다. 차를 마시면서 조용히 느껴보는건 어떨까요?

도쿄 찻집 東京の喫茶店

1 독서와 대화의 공간

오차노미즈 お茶ノ水

07 깃사 호다카
(喫茶 穂高)

ADD 도쿄도 치요다구 간다스루가다이(東京都千代田区神田駿河台) 4-5-3
TEL 03-3292-9654
OPEN 08:00~21:00 / 토요일 08:00~19:00
일, 공휴일 휴무
➥ JR 오차노미즈(お茶ノ水)역 세이바시(聖橋) 출구에서 도보 1분

menu
커피 500엔
카페오레 650엔
코코아 650엔
바나나 주스 700엔
아이스크림 700엔
토스트 350엔

오두막집 느낌에 이끼색 천을 두른 소파, 오전에 심플한 커피와 토스트를 먹으면서 창가에 앉아 보내는 마음 편한 시간, 바로 밖에는 역 플랫폼이 있지만 안에 있는 정원의 시원스런 녹음이 잠시나마 바깥의 소란스러움을 잊게 해줍니다. 출판사 직원인 것 같은 남자는 뭔가를 쓰고 있고 정장 차림의 백발의 여성은 독서를 하고 있는 모습이 가게의 분위기에 딱 들어맞는 것 같습니다. 검은 뿔테 안경에 왜나막신(게다)을 신은 가게 주인인 아와노 요시오(粟野芳夫)씨에게 개업연도를 묻자 쇼와 30년쯤이라고 답합니다. "여기는 어머니와 형님이 시작한 찻집입니다. 당시에는 등산이 유행하던 때였는데 어머니도 산행을 좋아했어요."

구시다 마고이치(串田孫一)나 닛타 지로(新田次郎) 등 산과 관계가 깊은 작가들을 비롯하여 산악부 학생이나 선생님들에게 사랑받아온 지 50년 남짓이 지난 지금, 가게 건물은 6년 전에 다시 지었지만 단골손님이었던 설계사와 장인들의 힘으로 오랜 세월을 겪은 원래의 목재를 활용하여 왕년의 내부 모습을 멋지게 복원해냈습니다.

"학창시절에 왔었던 손님들이 이제는 나이가 지긋해져서 마치 연어처럼 되돌아오고 있어요."라며 환히 웃는 아와노씨는 지금도 가끔 카운터에서 역사 이야기로 웃음꽃을 피우고 있습니다.

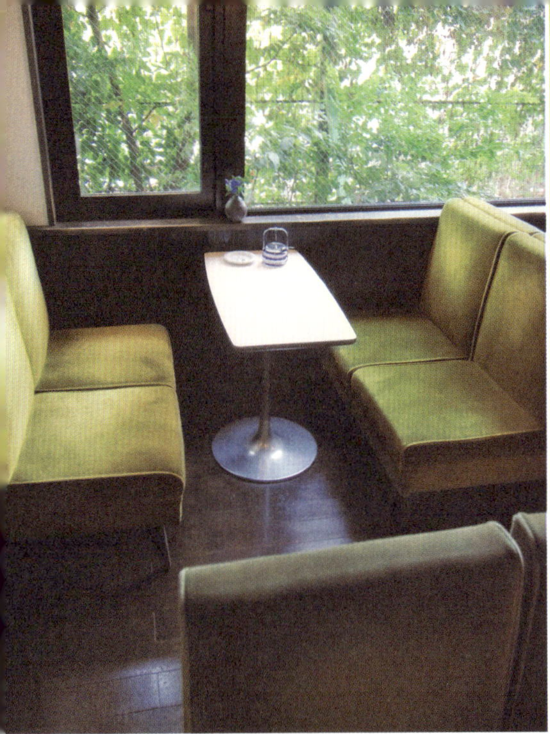
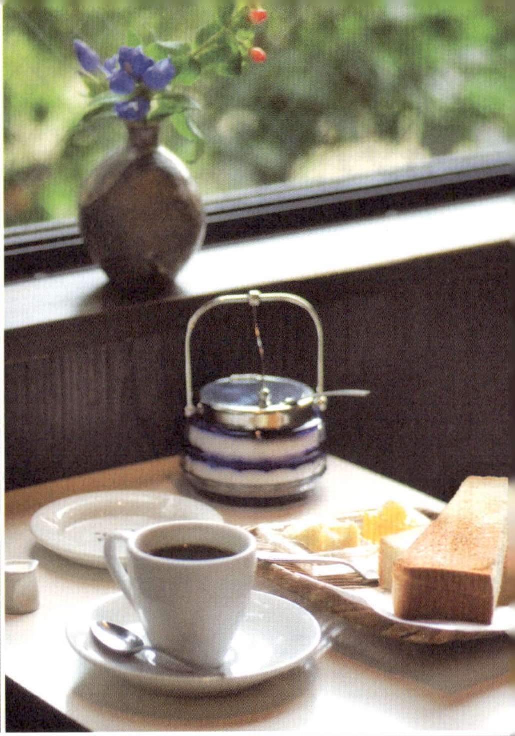
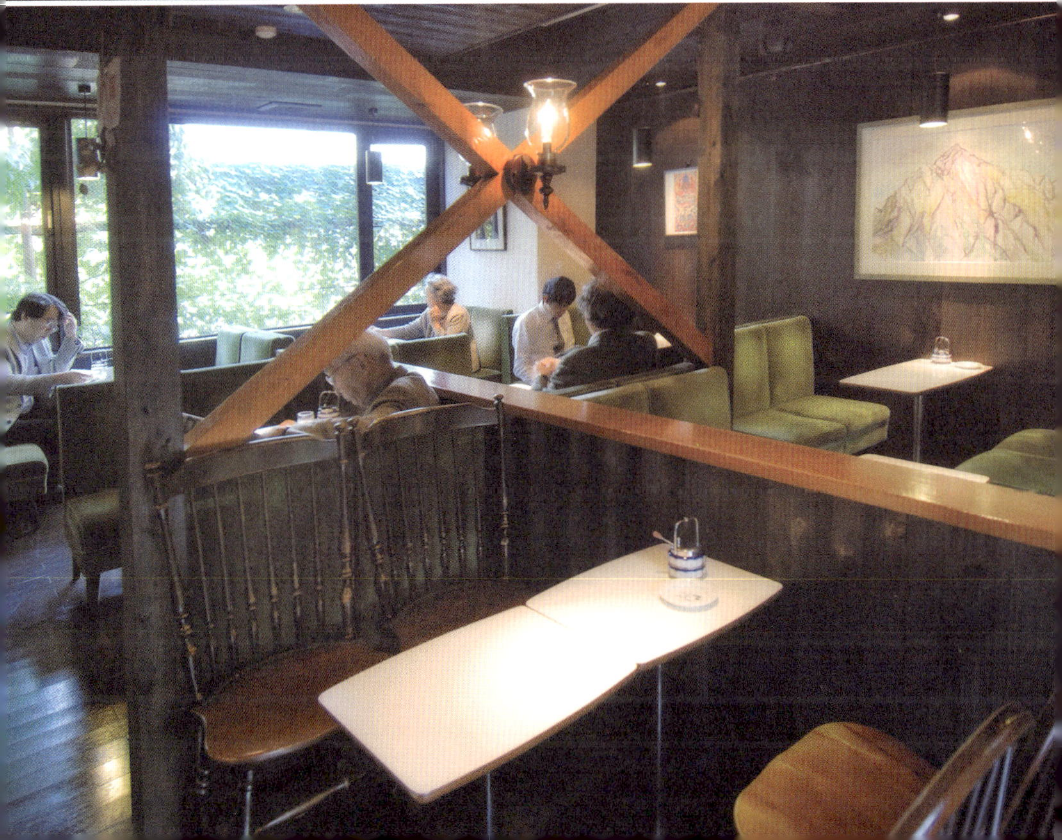

긴자
銀座

08 긴자 웨스토 긴자 본점
(銀座ウェスト 銀座本店)

ADD 도쿄도 츄오구 긴자(東京都中央区銀座) 7-3-6
TEL 03-3571-1554
OPEN 09:00~23:00 / 토. 일. 공휴일 11:00~20:00
연중무휴
➥ 지하철 긴자(銀座)역 C3 출구에서 도보 5분
➥ JR 유라쿠쵸(有楽町)역 히비야(日比谷) 출구에서 도보 7분
※ 전석 금연

menu
커피 972엔
각종 홍차 972엔
케이크 세트 1296엔
디저트 쇼콜라(초콜릿) 1296엔
스트로베리 선데이 1296엔
토스트 햄 샌드 1620엔

1947년에 창업한 선물용 드라이 케이크와 리프 파이 등으로 유명한 가게입니다. 긴자 본점의 문을 열 때마다 백합향이 살짝 풍겨오는 듯한 느낌이 드는 것은 가게에 늘 신선한 꽃이 꽃꽂이 되어 있기 때문입니다. 쇼와시대 풍의 호텔 로비같은 품

격이 느껴지는 차 마시는 공간은 은은한 클래식 음악이 흘러나오면서 사람들의 이야기 소리와 어우러지고 있습니다.

낮은 소파의 높은 등받이는 좁은 공간에 손님끼리의 사이를 될 수 있는 한 거리를 두기 위한 하나의 방법인데, 그 등받이에 씌어져 있는 깨끗한 흰 커버는 웨스토의 상징입니다. 이유는 예전에 일본 남자들은 머리에 포마드를 발랐기 때문에 커버가 필요했다고 합니다.

별다른 첨가물을 넣지 않고 한결같은 방법으로 만드는 케이크, 매일매일 하루도 빠짐없이 꽃꽂이를 하는 것, 감귤향이 은은하게 나는 물수건, 풀을 잘 먹은 새하얀 테이블과 너무 깨끗해서 지문 하나 눈에 띄지 않는 은제(銀製) 티 세트, 제복을 입은 여종업원의 공손한 태도와 커피의 리필까지, 그런 사소한 것들이 지금도 지켜지고 있다는 게 얼마나 행복한지 모르겠습니다.

개인적으로는 일본산 밤(和栗)을 버터크림으로 만들어 끼운 생 케이크 *(1)*마롱이 십수년 동안 함께해 온 웨스토의 벗이라고 생각합니다.

(1) **마롱** : 프랑스어로 '밤'

1 독서와 대화의 공간

고엔지 高円寺

포에무 고엔지점
(ぽえむ 高円寺店)

ADD 도쿄도 스기나미구 고엔지미나미(東京都杉並区高円寺南) 4-44-5
TEL 03-3316-0294
OPEN 09:00~23:00
연중무휴
➡ JR 고엔지(高円寺)역 남쪽 출구에서 도보 3분

menu
각종 브랜드 커피 500엔~
핫 모카자바 580엔
카페 아카푸르코 750엔
커피 젤리 680엔
각종 케이크 450엔
로스 햄 샌드 680엔

포에무는 일본에서 처음으로 프랜차이즈를 시작한 커피점입니다. '100종류의 커피'라는 노란 간판을 내걸고 한창 전성기 때는 전국에 70개 점포 이상을 운영했다고 합니다.

도쿄 찻집 東京の喫茶店

이곳의 역사는 1966년 야마노우치(山内)씨 부부가 아사가야(阿佐ヶ谷)에 처음 문을 연 불과 7평짜리 찻집에서 조촐하게 출발했습니다. 가난한 학생이나 예술가들의 아지트였던 포에무가 유명해진 계기는 사소설 청춘만화의 작가 나가시마 신지(永島慎二)씨가 포에무를 좋아해서 자신의 작품에 이 가게를 등장시켰기 때문입니다. 그 이후 포에무는 만화가의 성지가 되어 전성기를 누렸습니다. 커피콩은 고치(高知)시내에 설립한 로스팅 공장에서 가맹점으로 배달됩니다. 선대 사장인 야마노우치 토요유키(山内豊之)씨는 도사 번주(土佐藩主)인 야마노우치 카즈도요(山内一豊)의 자손으로 갑자기 세상을 떠난 후 아사가야점은 안타깝게도 문을 닫았지만 놀랍게도 포에무는 현재도 여전히 발전하고 있습니다. 고향의 도사⑴와시(和紙)를 이용한 커피 필터와 드리퍼를 독자적으로 개발해 와시의 특성을 살려 달콤하고 향이 좋은 커피를 추출하고 있습니다. 내부 인테리어의 일부에 70년대의 모습을 담고 있는 고엔지점도 젊은 여종업원이 도사와시(土佐和紙)의 드립을 사용하고 있습니다. 물론 다양하게 바꾸어서 먹을 수 있는 100가지나 되는 메뉴들도 있어서 단골손님은 전 메뉴를 한 바퀴, 두 바퀴! 바꾸어서 먹어봅니다. 커피의 즐거움, 편안한 분위기, 새로운 시도, 어느 면으로나 가게의 품위가 전해져옵니다.

---

(1) **와시(和紙)** : 일본 고유의 제조법으로 만든 종이

도쿄 찻집 東京の喫茶店

1 독서와 대화의 공간

시부야 渋谷

차테이 하토
(茶亭 羽當)

ADD 도쿄도 시부야구 시부야(東京都渋谷区渋谷) 1-15-19
TEL 03-3400-9088
OPEN 11:00~23:30 (라스트 오더 23:00)
연중무휴
➥ JR 시부야(渋谷)역 미야마스자카(宮益坂) 출구에서 도보 4분

menu
숯불로 볶은 하토 오리지널 브랜드 **850엔**
각종 올드 빈즈 **950엔**
카페오레 **950엔**
각종 홍차 **950엔**
각종 쉬폰 케이크 **500엔**
크로크무슈 **750엔**

고양이 눈동자처럼 어지럽게 변화하는 시부야 길모퉁이에 이런 호박색의 고즈넉한 공간이 유지되고 있다는 것은 그야말로 기적이라고 생각합니다. 1989년에 탄생한 하토(羽當)는 변하지 않는 모습으로 날마다 많은 손님들을 맞이하고 있습니다.

넓은 가게 안으로 발을 들여놓자 12미터의 길이를 자랑하는 긴 송판으로 만든 카운터가 시선을 끕니다. 장식장 선반에 진열된 커피컵은 유럽의 명요(名窯)에서부터 아리타 도자기(有田燒)까지 한 세트씩 종류를 달리하여 300세트 이상 있습니다.

"손님의 분위기에 맞춰 컵을 골라서 내놓고 있습니다."라고 개점 첫날부터 카운터를 지켜 온 점장 다구치(田口)씨가 말합니다. 큰 테이블 중앙에는 금방이라도 천장에 닿을 듯한 화초가 계절의 변화를 알려줍니다. 카운터 옆에는 금색 문자판의 추시계가 있는데 이 시계는 오너가 지인한테서 받은 골동품인데 15분 간격마다 고풍스런 음색으로 소리를 냅니다. 다구치씨는 이를 보면서 "항상 가게를 지켜주는 존재입니다."라고 말합니다.

커피는 커피 원두에 따라 추출 방법을 두 가지 방식으로 나누는데 브랜드나 스트레이트 커피는 메리타식의 페이퍼드립으로 깔끔하게, 코크테루당(Cocktail-Do : 일본 커피 회사 이름)의 프렌치 로스트 올드 빈즈는 넬 드립으로 진하게 추출하고 있습니다.

단골손님 중 최고령 손님은 예전부터 시부야에 살고 있는 90대 남자인데, 산책하러 나오는 김에 들러 같은 커피를 지금까지 꾸준히 드신답니다. 아마 그의 눈에 비치는 시부야(渋谷)의 풍경은 세월의 흐름에 따라 변화하는 주마등처럼 보일지도 모릅니다.

도쿄 찻집 東京の喫茶店

오모리 大森

 코히테이 루앙
(珈琲亭 ルアン)

ADD 도쿄도 오다구 오모리기타(東京都大田区大森北) 1-36-2
TEL 03-3761-6077
OPEN 07:00~20:00 / 일, 공휴일 07:30~18:00
목요일 휴무
➥ JR 오모리(大森)역 동쪽 출구에서 도보 4분

menu
각종 브랜드 커피 420엔~
각종 어레인지 커피 470엔~
각종 홍차 420엔~
각종 샌드위치 520엔~
모닝(드링크 + 100엔으로 토스트와 삶은 계란)

지금까지 남아있어줘서 고맙다고 감사의 인사를 하고 싶게 만드는 순수한 정통 찻집입니다.

'쇼와(昭和) 유러피언'이라고 말하고 싶은 클래식한 내부 인테리어와 사이폰 커피의 다양한 변화, 그리고 그 커피를 손님이 보는 앞에서 바로 주는 것이 매력입니다.

"1971년 개점 당시에는 이런 인테리어가 드물지 않았어요."라며 웃는 점주 미야자와 마사토(宮沢正人)씨는 73세입니다. 1층에는 커피 원두를 빈틈없이 깔아놓은 고풍스런 느낌이 드는 테이블이 있고, 2층에는 와인 색깔의 양탄자에 느긋하게 쉴 수 있는 안락한 소파를 배치해서 우아한 분위기를 내고 있습니다. 개별실 예약도 가능합니다. 70년대의 찻집을 사랑하는 사람이라면 한여름에 꽁꽁 언 동제(銅製)컵으로 아이스 커피를 마시는 기쁨을 느낄 수 있습니다.

컵 표면에 가득 맺힌 물방울이 시원함을 알려주는데, 2년에 한 번 동제컵 수리를 맡겨가며 계속해서 소중히 사용하고 있습니다.

미야자와씨는 매일 아침 5시 반에 가게에 도착해서 6시에 아들이 오면 둘이서 아침을 먹고 손님과 대화할 때 막힘이 없도록 그날의 신문을 항상 훑어봅니다.

"커피에는 굵은 설탕을 넣어서 바로 젓지 않고 그대로 천천히 마시면 시간이 지나면서 설탕이 녹아 단 커피를 즐길 수 있어요. 옛날 찻집에서는 그런 식으로 마시는 법을 가르쳐주곤 했지요."

커피 한 모금을 마시며 여유있게 이야기해주는 모습이 인상적입니다.

도쿄 찻집 東京の喫茶店

1 독서와 대화의 공간

기치죠지 吉祥寺

12 카페 비슈에
(カフェ ビシュエ)

ADD 도쿄도 무사시노시 기치죠지 혼쵸(武蔵野市吉祥寺本町) 2-13-7 그란데루 기치죠지(グランデール 吉祥寺) B1F
TEL 0422-20-1838
OPEN 11:00~22:00
수요일 휴무
➡ JR 기치죠지(吉祥寺)역 북쪽 출구에서 도보 7분

menu
각종 브랜드 커피 **600엔~**
각종 스트레이트 커피 **680엔~**
쇼콜라 모카 **680엔**
각종 케이크 **320엔~**
오늘의 샌드위치 플레이트 **650엔**
오늘의 키쉬와 빵의 플레이트 **600엔**

저온으로 달여내는 그윽한 커피와 아주 심플한 케이크의 매력으로 유명한 비슈에는 점주인 무라코시 노보루(村越昇)씨 부부가 1990년에 연 커피전문점과 자매점이였던 케이크 가게를 합친 것입니다.

2007년의 내부 수리를 계기로 카운터 안쪽에 케이크 공방을 마련해서 갓 만든 케이크를 손님들에게 제공하고 있습니다. 신맛이 적은 덴마크산 크림치즈를 골라 중탕하는 '후로마쥬

샤루즈'는 여기에서 가장 인기 있는 치즈케이크입니다. 이것이 프렌치 로스트한 커피의 쓴맛을 부드럽게 만들어줍니다. 비슈에란 프랑스어로 장작이라는 뜻인데 마츠키 신페이 스타일을 따라한 가게 안에는 난로를 본뜬 곳이 있습니다. 이것이 있는 이유는 할머니 이름이 마끼(마끼는 일본어로 장작이라는 뜻)여서 아버지가 그 이름으로 작은 음식점을 했다고 합니다. 그래서 가게 이름에 가족의 기억이 살짝 반영되어 있는 겁니다.

뭐든 열심인 무라코시씨가 플란넬 위에 은색 포트를 잡고 머리로 리듬을 타면서 뜨거운 물을 따르는 모습은 커피의 쓴맛, 단맛, 신맛이 연주하는 음악에 맞춰 춤추고 있는 듯합니다.

스타벅스 세대의 젊은 사람들이 여기에 와서 플란넬 드립 커피의 깊은 맛에 눈뜨는 경우도 있다고 합니다. 조그마한 가게지만 휴일 오후 같은 경우에는 많이 붐비니까 밤이나 평일에 방문하는 것이 현명하겠지요.

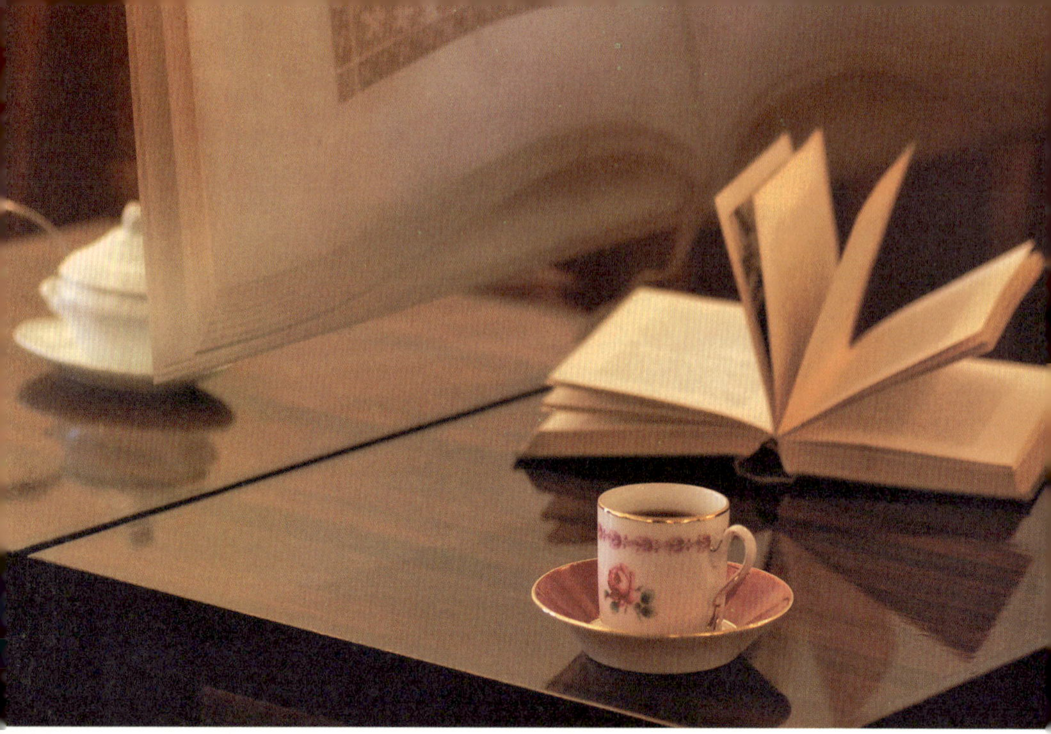
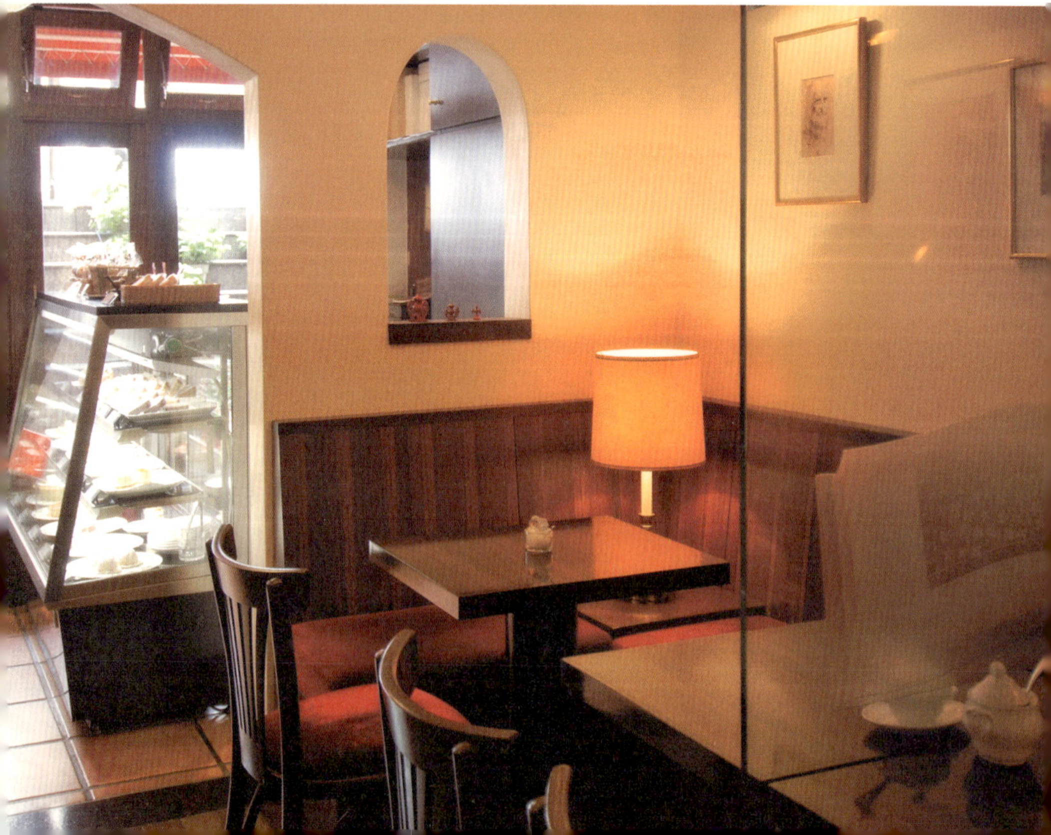

니시오기쿠보　西荻窪

13 동구리야
(どんぐり舎)

ADD 도쿄도 스기나미구 니시오기기타(東京都杉並区西荻北) 3-30-1
TEL 03-3395-0399
OPEN 10:30~22:30
연중무휴
➥ JR 니시오기쿠보(西荻窪)역 북쪽 출구에서 도보 4분

menu
각종 브랜드 커피 500엔~
각종 스트레이트 커피 530엔~
로얄 밀크티 650엔
도토리 쿠키 세트 650엔
케이크 세트 800엔
각종 토스트 세트 590엔~

셀 수 없을 정도로 많은 화분과 나무들로 뒤덮힌 이 찻집은 근처에서 모르는 사람이 없을 정도로 유명한 곳입니다. 누구나 쉽게 문을 열게 하는 따뜻한 분위기뿐만 아니라 원두를 직접 볶아서 늘 신선한 콩을 즉석에서 갈아 바로 제공하는 '브랜딩한 쌉쌀한 커피'의 맛이 꿋꿋하게 인기를 유지하는 비결입니다.

'도토리 할배'란 애칭으로 사랑받던 초대 가게 주인이 90세의 나이로 세상을 떠난 후, 아들인 고노 사부로(河野三郎)씨가 가게를 이어가고 있습니다. 카운터에서 일하는 사람을 본다면 그건 아마 고노씨의 친 누님이나 형수님일 것입니다.

동구리야 가족들끼리 카운터 근처 테이블에 앉아 편안한 대화를 나누는 모습을 보고 있으면 왠지 가족행사 준비를 하기 위해 부엌에 함께 있는 듯한 느낌이 들기도 합니다.

"여기는 부모님과 형님, 세 분이서 시작한 가게로 가게에 있는 장식품이나 그림은 아버지와 형님이 골동품 시장에서 찾거나 직접 그리거나 한 것이에요. 1974년 개업 당시부터 지금까지 그대로예요."라고 하는 사부로씨입니다.

조금 바뀐 것은 명물 도토리 쿠키의 맛뿐인데 맨 처음에 도토리 쿠키를 만들었던 오키나와 출신의 과자점「가치마이야(오키나와 사투리로 '먹보집')」이 폐점이 되면서「LOCO」의 도토리 쿠키로 바뀌었습니다. 손님들은 지금처럼 도토리 쿠키와 함께 계속 남아 있기를 바랍니다. 가게 이름의 유래를 물어보니 "발음이 ⑴샹구리라(샹그릴라)와 닮았잖아."라니… 멋지게 한 방 먹었습니다.

⑴ **샹그릴라** : 지상 낙원(영국의 J. 힐턴의 작품 '잃어버린 지평선' 중의 이상향 이름에서 유래)

도쿄 찻집　東京の喫茶店

니시오기쿠보　西荻窪

14 모노즈키
(物豆奇)

ADD 도쿄도 스기나미구 니시오기기타(東京都杉並区西荻北) 3-12-10
TEL 03-3395-9569
OPEN 12:00~21:00
부정기휴일
➜ JR 니시오기쿠보(西荻窪)역 북쪽 출구에서 도보 5분

menu
브랜드 커피 450엔
프렌치로스트 500엔
커피 플로트 550엔
각종 홍차 450엔~
파운드 케이크 250엔
각종 토스트 샌드 330엔

시간이 멈춘듯한 낡은 추시계와 빛보다 그림자가 아름다운 수많은 램프들로 꾸며진 모노즈키(物豆奇)의 문을 연 순간 마음이 들뜨는 이유는 시대의 유품들의 아름다움 때문만은 아니었습니다. 이곳은 전에 쿠니다치(国立)에 있었던 유명한 가게「쟈슈몽(邪宗門)」을 떠올리게 해서 추억에 휩싸였습니다.

2대째 가게 주인인 야마다 히로마사(山田広政)씨에게 물어보니 역시 모노즈키의 초대 가게 주인은 쟈슈몽에 매료되어 단골손님이 된 인물이었답니다. 1975년에 자신의 찻집을 여는데 있어서 쟈슈몽의 '주인(宗主)'으로 불리는 나와(名和)씨가 흔쾌히 승낙을 해줘서 동경하던 쟈슈몽을 모델로 음영 깊은 세계를 만들어냈다고 합니다.

야마다씨가 2대째 가게 주인이 된 것은 그 2년 후 찻집으로 쓸 건물을 찾고 있을 때 우연히 만나게 된 것이 모노즈키였다고 합니다. 찻집 양도 조건은 가게 이름과 내부 인테리어를 바꾸지 않을 것!이었지만, 한 눈에 이 세계에 매료된 야마다씨는 무수히 많은 시계와 램프가 깜박이는 공간을 그대로 인수했습니다. 니시오기쿠보 이 근처가 골동품 거리로 불리기 시작한 것은 그로부터 20년 후, 골동품을 둘러보러 와서 휴식차 들렀다가 조용히 움직이고 있는 시계 소리에 귀를 기울이는 손님이 늘었습니다.

1 독서와 대화의 공간

니시오기쿠보　西荻窪

단테
(ダンテ)

ADD 도쿄도 스기나미구 니시오기미나미(東京都杉並区西荻南) 3-10-2
TEL 03-3333-2889
OPEN 13:00~20:00
연중무휴
➥ JR 니시오기쿠보(西荻窪)역 남쪽 출구에서 도보 2분
※ 전석 금연

menu
단테 브랜드 **520엔**
스페셜 커피(매일 바뀜) **570엔~**
비엔나 커피 **650엔**
각종 홍차 **520엔~**
치즈케이크 **300엔**
크로크무슈 **500엔**

카운터 석 뒤쪽에 벽돌을 쌓아 1.5층으로 만든 구조가 아주 매력적인 '커피 오두막(coffee lodge)' 단테입니다. 천장에서 밧줄을 늘어뜨려 공간을 적당히 가리는 등, 자연스럽게 등산과 관련있는 소품으로 꾸민 중후한 내부 인테리어는 40년간 변함없이 거의 그대로입니다.

고요함과 독특한 편안함으로 가득한 분위기 속에서 카운터 근처에 앉아 신문을 읽는 단골손님들과 1.5층 테이블에서 그런 광경을 내려다보며 미소 지으며 이야기를 주고받는 두 명의 손님들까지, 커피 오두막이라는 찻집의 느낌 그대로 커피향이 가득한 산장에서 휴식하는 모습이 연상됩니다.

가게 주인인 수이타 모리히로(吹田守弘)씨는 한 잔씩 사이폰으로 타는 맛을 고집하면서 최근 수년간 커피 업계의 세계적인 흐름을 반영한 고품질의 커피콩을 날마다 바꾸면서 제공하고 있습니다.

10대 때부터 음악을 사랑하여 클래식 음악 레코드를 항상 듣고 커피를 좋아했던 아버지의 영향으로 후에 정식으로 커피 수련을 해 1970년에 단테를 개점하였습니다. 카운터 한 구석에는 빛 바랜 레코드 자켓이 진열되어 있고, 벽에는 큰 스피커가 설치되어 있습니다.

변하지 않는 자세, 보다 맛있게 제공하고자 하는 커피 잔 속의 풍미, 그 밸런스야말로 단테가 오랫동안 이어져올 수 있었던 비결일지도 모릅니다.

1 독서와 대화의 공간

오기쿠보　荻窪

16 쟈슈몽
(邪宗門)

ADD 도쿄도 스기나미구 카미오기(東京都杉並区上荻) 1-6-11
TEL 03-3398-6206
OPEN 15:30~22:00
부정기휴일
➥ JR 오기쿠보(荻窪)역 북쪽 출구에서 도보 2분

menu
쟈슈몽 브랜드 커피 470엔
루시앙 커피 520엔
이탈리안 커피 520엔
베네덱틴 커피 900엔
각종 홍차 500엔~
티라미스 330엔

쟈슈몽이라는 이름을 쓰는 찻집은 도쿄 도내를 중심으로 몇 군데 있습니다. 그 중에서도 쿠니타치 쟈슈몽이 제일 첫 번째라 할 수 있는데 자슈몽의 나와(名和)씨를 흠모하여 그에게 마술을 배웠던 사람들이 각자 쟈슈몽이라는 이름으로 가게를 열기도 했습니다. 2008년에 나와씨가 돌아가시고 현재 가장 오래된 것이 1955년에 개점한 오기쿠보 쟈슈몽인데 80세를 맞이한 후로다 카즈에(風呂田和枝)씨가 아름다운 미소로 맞이해줍니다. 이제 문을 닫고 싶은 마음도 있지만 가게를 사랑해주는 사람들이 고마워서 계속하고 있다고 말합니다.

2차 대전 후 얼마 지나지 않았을 때에 지어진 작은 2층 건물에 벽돌 벽은 목수와 후로다씨 부부가 매일 조금씩 손으로 쌓아올린 고심작으로 1층은 주방, 경사가 심한 계단을 올라가면 있는 2층이 객석입니다.

옛날 느낌이 가득한 메뉴판에 적힌 다양한 커피는 의외로 신선합니다. '이탈리안 커피'를 주문하니 블랙 커피와 핫 레모네이드가 등장했습니다. 한 모금씩 번갈아 마시며 상큼한 뒷맛을 즐긴다는 센스 있는 메뉴입니다.

남편인 마사토시(政利)씨는 쟈슈몽 문하에서 마술을 즐기고, 연구에 몰두하는 사이에 해외의 유명한 마술사에게 알려질 정도가 되었습니다.

"남편은 젊을 때부터 병약해서 언제 죽을지 모른다고 하면서 77세까지 살았습니다. 찻집도, 자신의 미래도 다 팔자소관이지요."라고 말하는 이 사람의 한마디는 굴곡 많은 시대를 겪어온 사람으로서 욕심이 없으면서도 조용한 울림을 가지고 있었습니다.

신주쿠 新宿

17 타지마야 커피점 본점
(但馬屋珈琲店 本店)

ADD 도쿄도 신주쿠구 니시신주쿠(東京都新宿区西新宿) 1-2-6
TEL 03-3342-0881
OPEN 10:00~23:00
연중무휴
➡ JR 신주쿠(新宿)역 서쪽 출구에서 도보 1분

menu
브랜드 커피 720엔
각종 스트레이트 커피 720엔~
각종 홍차 720엔~
나가이(永井)씨의 애플파이 480엔
치즈케이크 480엔
각종 토스트 360엔~

거리의 지표가 되는 찻집은 점점 사라져가기만 합니다. 그 거리에서만 느낄 수 있는 독특한 분위기를 가진 찻집 앞에서 만남을 약속하는 일은 적어졌지만 현재까지 신주쿠 서쪽 출구의 랜드마크적 존재라고 할 수 있는 것이 타지마야 커피점입니다. 신주쿠에 갈 기회가 많은 사람이라면 설령 가게 이름을 모르더라도 "신주쿠역 서쪽 출구의 육교(아래가 도로

이고 그 위쪽이 철교) 옆에 있는 오모이데요코쵸(思い出横丁) 입구의 찻집"이라고 하면 금방 알 겁니다. 2차 대전 후 암시장에서 발전한 오모이데요코쵸는 그 분위기에 애착을 가진 사람들 덕분에 재개발에서 빠질 수 있었고, 최근에는 외국인 관광객도 늘어나고 있습니다.

타지마야 커피점은 양품점으로 출발하여 1964년에 '(1)준깃사 에덴'으로 바꾸었습니다. 그리고 1987년에 선대의 출신지를 따서 현재의 가게 이름으로 변경하고 (2)타이쇼 시대의 분위기로 완전히 바뀌었습니다.

"가늘고 길게 계속하기 위해 품질을 유지하려고 노력하고 있습니다."라고 2대째 사장인 쿠라타 유이치(倉田雄一)씨는 말합니다. 가게 안 2층에 원두를 볶는 공간을 따로 설치해 커피를 직접 로스팅하거나 오래된 소품을 가게 내에 장식해서 손님들의 눈을 즐겁게 해 주는 것도 그런 노력의 일환입니다.

미국에서 수입한 소나무 재질의 카운터를 비추는 램프 갓은 골동품 시장에서 찾은 프랑스제인데 그 은은한 조명 아래에 앉으면 직원이 익숙한 동작으로 커피를 넬 드립하는 광경을 볼 수 있습니다. 휴일에는 남녀노소의 출입이 끊이지 않습니다.

---

(1) 준깃사(純喫茶) : 과거에는 주류를 취급하는 특수 찻집과 취급하지 않는 준찻집으로 나누어져 있었다.
(2) 타이쇼 시대(大正時代) : 1912~1926년

1 독서와 대화의 공간

도쿄 찻집 東京の喫茶店

신주쿠 新宿

18 지카바이센 커피 봉
(自家焙煎珈琲 凡)

ADD 도쿄도 신주쿠구 신주쿠(東京都新宿区新宿) 3-23-1 토리이치(都里一)빌딩 B1F
TEL 03-3341-0179
OPEN 12:30~23:00 (라스트 오더 22:30)
연중무휴
➥ JR 신주쿠(新宿)역 동쪽 출구에서 도보 3분

menu
브랜드(포트 서비스) **1080엔**
각종 스트레이트 (포트 서비스) **1080엔~**
각종 홍차(포트 서비스) **1080엔**
가토 쇼콜라 **650엔**
각종 쉬폰 **650엔**
커피 풀코스 (여러 잔으로 맛을 비교, 케이크 포함) **3150엔**

1985년부터 역 근처의 휴식공간으로서 애용되어 온 카페 봉(凡). 어둑어둑한 테이블 석과 13m나 되는 길이를 자랑하는 밝은 카운터가 대비되면서 잘 어울리고 1200 세트나 되는 커피컵의 멋진 컬렉션이 인상적입니다.

가게 주인인 타이라 카즈야(平勝哉)씨가 현지에서 구입한 마이센(세계적으로 유명한 독일의 도자기)은 물론, **(1)**아리타야키상에몽(有田燒三右衛門)의 하나로 세계적으로 유명한 **(2)**겐에몽(源右衛門)요(窯)의 미술관 급의 그릇이 진열되어 있는 모습은 장관입니다. 20년 단골손님 중에는 카운터에 앉아 하루 한 잔씩 마시고 가서 모든 컵으로 커피를 다 마셔본 사람도 있다고 합니다.

커피의 신선도를 중요시 여겨 매일 소량씩 직접 로스팅하고 원두를 굵게 갈아서 깔끔하게 추출하여 포트로 넉넉하게 두 잔 분을 만들어줍니다. 흥미로운 것은 커피 프림이 두 종류 준비되어있는 것인데 일반적으로 가게에서 파는 싼 식물성 프림과 진짜 동물성 프림입니다. 이렇게 두 가지의 프림을 준비한 이유는 확연한 맛의 차이를 확인하길 바라는 주인의 배려심에서 나왔습니다.

가게 이름이 봉(bong)이 된 이유는 봉(bong)에 가게 주인인 타이라(平)씨의 성(姓)을 더하면 '평범(平凡:heibong)'이 된다는 말장난에서 비롯되었다고 하는데 그런 비범하면서도 세련된 유머 감각은 화장실에도 발휘되어 있어서 영국 스파이 영화 같은 재미있는 장치에 또 한번 놀라게 됩니다.

---

(1) 아리타야키(有田燒) : 사가현 아리타 지역에서 만드는 도자기
(2) 겐에몽(源右衛門) : 아리타 도자기 명문가 중의 하나

우에노 上野

19 코히도코로 보나르
(珈琲処 ボナール)

ADD 도쿄도 타이토구 우에노(東京都台東区上野) 1-18-11
TEL 03-6895-0056
OPEN 11:00~22:00 / 일, 공휴일 11:00~20:00
연중무휴
➜ JR 오카치마치(御徒町)역 남쪽 출구에서 도보 5분

menu
각종 브랜드 커피 750엔~
각종 홍차 750엔~
더치 아이스 커피 850엔
딸기 주스 750엔
각종 케이크 세트 1200엔~
샌드위치 세트 1500엔~

보나르는 2차 대전 후 얼마 지나지 않은 1950년, 선대가 연 찻집 '브라지레이로'의 지점으로 니혼바시 타카시마야(日本橋高島屋)의 맞은편에서 그 역사를 시작했습니다. 94년에는 전면적으로 수리를 해서 하얀색 외관에 세련된 모습으로 다시 태어났습니다.

니혼바시 부근을 느긋이 걸으면 **(1)**쇼와시대부터 영업을 계속

하는 우라찻집(裏喫茶店)과 오모테깃사텡(表喫茶店)이 띄엄띄엄 눈에 띕니다.

우라찻집이란 오피스가의 단골손님을 위해 뒷골목에 조용히 있는 작고 간소한 가게를 말하며 오모테깃사텡은 소수지만 *(2)*시니세 백화점을 중심으로 한 번화가에 있는 고급스러움이 풍기는 가게를 말합니다.

회사원들이 담배를 피우며 쉬기 위해서 찾는 우라찻집은 저녁이 되면 모두 가게를 닫아버리기 때문에 이 지역에서 보나르는 밤늦게까지 좋은 원두와 물로 만든 커피를 즐길 수 있는 소중한 곳이었습니다.

그리고 2014년 근처에 도로 정리가 시작되는 관계로 65년간에 걸쳐 사랑받아온 니혼바시를 떠나 우에노 오카치마치(上野御徒町)로 이전하였지만 내부 장식품으로 쓰였던 히다타카야마(飛騨高山)의 옛날에 지은 오래된 민가에서 가져온 근사한 굵은 대들보와 식기 등도 모두 새 점포에서 그대로 사용하고 있습니다.

조용하고 품격이 느껴지는 공간과 한 잔씩 드립해서 마시는 맛있는 커피, 편안함과 고객에게 신뢰를 주는 접객 정신, 그리고 오랜 역사가 있어 이곳, 보나르가 더욱 더 빛납니다.

---

(1) **쇼와시대(昭和時代)** : 1926~1989년까지
(2) **시니세(老舗)** : 대대로 번영하며 내려온 유명한 가게

1 독서와 대화의 공간

도쿄 찻집 東京の喫茶店

기치죠지 吉祥寺

20 호쿠라 커피점
(保久良珈琲店)

ADD 도쿄도 무사시노시 고텐야마(東京都武蔵野市御殿山) 1-2-6 뷰 캬니온 기치죠지 고텐야마(ビューキャニオン吉祥寺御殿山) 1F
TEL 0422-41-8968
OPEN 11:00~19:00
월, 화 휴무
↳ JR 기치죠지(吉祥寺)역 공원 출구에서 도보 5분
※ 전석 금연

menu
호쿠라 브랜드 600엔
더치 커피 700엔
카와네(시즈오카산 무농약 홍차) 600엔
카츠누마 포도즙(赤) 600엔
가토 쇼콜라 400엔
마롱(케이크) 400엔

심플하게 커피와 케이크 그리고 가로수 가지 사이로 들어오는 빛과 고요함으로 손님을 맞이하고 있습니다. 허례허식 없는 정통파 찻집이 소란스런 역에서 조금 떨어진 위치에서 생겨난 것이 2001년의 일입니다. 여기는 주문을 받을 때마다 *(1)*기슈빈쵸탄으로 볶은 원두를 굵게 갈아서 *(2)*잇토다테 스타일로 단번에 페이퍼 드립을 하고 있습니다.

가게 주인은 고베 출신의 남자로 회사원 시절에 고베를 대표하는 오래된 가게 중의 하나인 아카네야 커피점(茜屋珈琲店)에 다니며 커피 하나로 승부하는 방식에 매료되었다고 합니다.

무엇보다도 마음을 편하게 해주는 것은 가게 주인 부부의 정중하고 따뜻한 태도와 어른들을 위해 조용한 공간을 제공한다는 철저한 자세입니다.

느긋한 대화와 독서 시간을 원해서 찾아오는 손님에게는 찻집 안에 너무 번잡스러운 손님 있다는 것은 일종의 불운입니다. 그래서인지 조용히 즐기러 오는 손님을 지키기 위해서 너무 큰소리로 이야기하는 손님에게는 주의를 주는 경우도 있습니다.

"찻집은 마음의 여유를 회복하는 장소입니다. 10년에 걸쳐서 겨우 가게의 분위기가 잡게 되었습니다. 손님들이 편안하게 올 수 있는 가게로 만들고 싶었습니다. 비록 찾아오는 사람이 적더라도 그것을 마음에 들어해주는 손님에게 계속해서 좋은 가게로 남고 싶습니다."

강한 의지와 부드러운 공기가 양립하는 드문 찻집입니다.

---

(1) **기슈빈쵸탄(紀州備長炭)** : 와카야마현(和歌山県)에서 생산되는 최고급 숯(백탄)
(2) **잇토다테(一投點て)** : 커피를 드립할 때 뜨거운 물을 한 번만 넣는 것

1 독서와 대화의 공간

기치죠지 吉祥寺

유리아페무페루
(ゆりあぺむぺる)

ADD 도쿄도 무사시노시 기치죠지 미나미쵸(東京都武蔵野市吉祥寺南町) 1-1-6
TEL 0422-48-6822
OPEN 1층 - 11:30~24:00, 2층 -18:00(토, 일, 공휴일 16:00)~24:00
연중무휴
➥ JR 기치죠지(吉祥寺)역 공원 출구에서 도보 2분

menu
각종 유리아 페무페루 브랜드 630엔
핫 모카자바 700엔
각종 홍차 680엔~
각종 케이크 480엔~
백포도주와 과자 1150엔
닭고기와 토마토의 스튜(음료수 포함) 1280엔

멍하니 걷다가 차들에 치일 것 같은 역 앞거리의 혼잡함 속에서 이 찻집은 조용하면서도 확실한 존재감을 가지고 있습니다.
생각보다 넓지 않은 기게에는 이름다운 앤티크 가구가 있고 백 년 전에 산 미국제 계산대도 지금까지 사용하고 있습니다. 우아한 아르누보(신예술)의 곡선을 그리는 쇠로 된 중

간문에 돌출창의 램프, 꽃무늬 테이블크로스 등 개점 당시부터 지금까지 바꾸지 않은 옛날 가구들이 만들어내는 공기는 커피와 케이크를 둘러쌓여 수다를 떨고 싶을 때도, 혼자서 독서와 식사를 즐기고 싶을 때도 잘 어울리는 분위기입니다. 이곳의 메뉴 중에서 평이 좋은 카페오레는 손님 본인이 직접 따르는 스타일입니다.

경영은 라이브 하우스 만다라(曼茶羅)그룹이 하고 있는데 1976년 기치죠지가 아직 활기를 띠기 전에 자신들이 편히 쉴 수 있는 찻집이 아무데도 없다면서 오너가 친구인 아티스트들의 협력을 얻어서 탄생시켰습니다.

가게 이름은 시집 '봄과 수라(春と修羅)'의 한 편에 있는 '유리아 페무페루(ユリア ペムペル)나의 먼 데 있는 친구여.'에서 따 온 것이라고 합니다. *(1)*미야자와 켄지(宮沢賢治)는 대체 얼마나 많이 찻집에 영감을 준 것일까요. 저녁 때부터 칵테일을 즐길 수 있는 2층에는 미야자와 켄지의 자필 원고의 복사본이 장식되어 있습니다.

---

(1) **미야자와 켄지(宮沢賢治)** : 1896~1933년. 일본에서 가장 사랑받는 동화작가이자 시인. 애니메이션 〈은하철도 999〉의 원작 〈은하철도의 밤〉을 쓴 작가.

도쿄 찻집 東京の喫茶店

카구라자카 神楽坂

22 톰보로
(トンボロ)

ADD 도쿄도 신주쿠구 카구라자카(東京都新宿区神楽坂) 6-16
TEL 03-3267-4538
OPEN 10:00~18:00
목요일, 첫 번째 수요일 휴무
➥ 지하철 카구라자카(神楽坂)역 카구라자카 출구에서 도보 5분

menu
브랜드 커피 2종 각 **550엔**
각종 스트레이트 커피 **600엔~**
카페오레 **650엔**
다르질링(포트 서비스) **650엔**
치즈케이크 **500엔**
토스트(샐러드 포함) **500엔**

골목길에 화분들이 놓여져있고 갈대발을 늘어뜨린 그윽한 외관으로 인해 쇼와 시대의 찻집으로 착각하기 쉽지만 개점은 1998년에 했습니다. 건축 디자이너인 히라오카 신죠(平岡伸三)씨가 자신의 사무실로 쓰던 낡은 목조 가옥을 수리해 오픈한 것으로 이웃 주민들이 마음 편하게 수다를 떨거나 카구라자카의 출판인들의 휴식 공간으로 애용되어 왔습니다.

메뉴는 커피 중심으로 2010년에 히라오카씨의 아들이 바로 옆에 카페 SKIPA를 오픈해서 톰보로 가게 내에서도 SKIPA의 파이나 구운 과자를 주문할 수 있습니다. 비싼 고급 목재로 만든 카운터라든가, 오래된 물결무늬의 유리, 색유리를 끼워 넣은 창문의 정취에 매료되지만 히라오카씨는 결코 어떠한 콘셉트를 염두에 두고 설계한 것은 아니라고 합니다.

어린 시절에 부모님이 오노미치(尾道)에서 료칸(旅館)을 경영했는데 그때 마음에 새긴 풍경을 그리며 그 느낌 그대로 만들었다고 합니다. 오래된 건물이 사라지는 카구라자카에서 가능한 한 그대로 보존할 수 있는 것들은 재활용하고 싶다며 건물 해체 현장에서 건축 장식 재료들을 얻어온다고 하는데 그래서인지 옆 가게인 SKIPA에서는 버려진 것(녹슨 함석이나 베니아판)이 새롭게 만들어진 목재들과 잘 조합되어 있습니다. "일반적으로 개점 직후가 가장 좋다고 하는 가게가 많지만 여기는 계절이 두 번 정도 돌아서 석양으로 색이 바래지고 나서야 좋아질 겁니다."

1 독서와 대화의 공간

지유가오카 自由が丘

23

차노코
(茶乃子)

ADD 도쿄도 세타가야구 오쿠사와(東京都世田谷区奥沢) 5-26-12
TEL 03-3724-4962
OPEN 11:00~21:30 / 토, 공휴일 11:00~22:00
연중무휴
➥ 토큐토요코선(東急東横線) 지유가오카(自由が丘)역 남쪽 출구에서 도보 3분

menu
브랜드 커피 520엔
말차오레 670엔
차이 620엔(아이스 차이는 670엔)
구운 치즈케이크 430엔
소고기카레 세트(샐러드, 음료수 포함) 1300엔(11:00~15:00는 1080엔)

도쿄 찻집 東京の喫茶店

'도시 속의 시골'을 테마로 나무의 싱그러움, 땅의 포근함을 전하는 차노코(茶乃子)는 오픈 찻집의 선구적인 존재입니다.

길 옆에 나있는 가로수들 바로 옆에 통나무집 느낌의 공간은 유리로 된 자바라 도어(아코디온식 도어)를 슬라이드해서 전체 풀 오픈이 가능합니다. 이 자바라 도어를 가장 초기에 도입한 것이 1980년에 개업한 차노코입니다. 날씨가 좋은 날은 밖에 손수 만든 것만 같은 나무의자를 내놓습니다. 무엇보다 바로 앞에는 벚나무가 구름처럼 나부끼는 구홈부츠가와(九品仏川) 가로수길이 있습니다. 그래서 봄에는 최고의 벚꽃놀이를 즐길 수 있다고 해서 굉장히 붐비므로 이 시기에 간다면 평일에 가는 것을 권합니다.

여름에는 옛날 방식 그대로 만들어내는 순도 높은 얼음으로 만드는 다양한 빙수를, 겨울에는 소박한 시골풍의 (1)시루코(汁粉)를 맛볼 수 있습니다. 가게 앞 풍경에도, 메뉴에서도 계절의 즐거움이 있습니다. 지유가오카역에서 동서로 뻗은 가로수길은 예전에는 구홈부츠(九品仏) 하천이 흘렀던 장소로, 1974년에 하천을 덮어서 그 위에 산책길이 만들어졌는데 차노코 개점 당시에는 아직 사람들이 거의 다니지 않았다고 합니다. 거리의 변천과 함께 해 온 찻집에 앉아서 밖을 내다보면 바깥 풍경이 겹겹이 층을 이루는 파이처럼 느껴집니다.

(1) **시루코(汁粉)** : 새알심 따위를 넣은 단팥죽

카메이도 亀戸

24 코히도죠 사무라이
(珈琲道場 侍)

ADD 도쿄도 코토구 카메이도(東京都江東区亀戸) 6-57-22 삼포빌딩(サンポウビル) 2F
TEL 03-3638-4003
OPEN 08:00~25:00
일요일 휴무
➥ JR 카메이도(亀戸)역 동쪽 출구 나가서 바로

menu
각종 커피 430엔~
비엔나 커피 450엔
각종 칵테일 550엔
홈메이드 푸딩 450엔
비프 스튜 (프랑스 빵 포함) 800엔
각종 런치 타임 세트 750엔

사무라이? 도장? 그렇지만 찻집 안으로 들어오면 카운터에 쭉 줄지어 있는 흔들의자 위에서 사람들은 흔들거리면서 커피를 마시고 있습니다. 그런 이야기를 들으면 뭔가 아이러니해서 웃기지만 한 번 방문해보면 지극히 정상적인 가게입니다. 1980년 개점 이래로 밤늦게까지 많은 손님들을 맞이하며, 간단한 페이퍼 드립 커피부터 여성 손님들의 요구에 부응하기 위해 시작한 칵테일까지 한 잔씩 정성 들여 직접 만들고 있습니다. 유니폼을 입은 남자 직원의 싹싹한 대응도 인상적인 곳입니다.

"독특한 찻집으로 유명하다고요? 꽃미남 찻집이 아니고요?"라며 경쾌하게 대화를 이어나가는 가게 주인인 곤도 타카유키(近藤孝之)씨는 원래는 합기도 무술 집안에서 자랐습니다. 무도(武道)에서 배운 마음가짐을 살릴 수 있는 일은 찻집이라고 생각해서 1년에 걸쳐 매일 열 군데나 되는 찻집을 돌아보며 본인만의 가게를 구상해냈습니다.

공격 기술이 먹힌 후에도 마지막까지 긴장을 늦추지 않도록 가르치는 '긴장을 풀지 않는 마음가짐(殘心)'은 다도(茶道)의 '일생에서 딱 한 번 만나는 인연(一期一会)'의 정신과 통합니다. 그리고 손님의 기분이나 사람과 사람 사이의 거리감을 맞추는 '타이밍'도 중요시하고 있습니다. "이 찻집에서 느긋한 시간을 보냈다는 기쁨을 찻집 문을 나갈 때 하나의 기억에 남는 선물로 가지고 가 주셨으면 합니다."라며 진지한 자세로 답합니다. 상상 이상으로 안락한 흔들의자도, 화려하게 담아낸 푸딩도 그런 정신을 보여주는 것입니다.

---

(1) **잔심(殘心)** : 무예(특히 검도)에서 상대를 공격한 후에도 긴장을 늦추지 않고 다음 동작에 대비하는 것
(2) **일기일회(一期一会)** : (다도에서) 일생에 한 번만 만나는 인연이라는 뜻으로 후회 없도록 잘 접대하라는 교훈

하라주쿠 原宿

25 크리스티
(クリスティー)

ADD 도쿄도 시부야구 징구마에(東京都渋谷区神宮前) 1-16-1
TEL 03-3478-6075
OPEN 12:00~21:30 / 일, 공휴일 11:30~21:00
연중무휴
➡ JR 하라주쿠(原宿)역 타케시타 출구에서 도보 2분

menu
각종 홍차 520엔~
로얄 밀크티 570엔
와인(글라스 420엔 / 병 2400엔)
스콘 세트 880엔
각종 케이크 세트 770엔~

타케시타(竹下) 거리에서 안쪽으로 쑥 들어간 골목길에서 30년간 사랑받아온 조용한 홍차 전문점인 크리스티는 일본 홍차 협회의 '맛있는 홍차 가게'에서도 인정받고, 산지별로 갖춘 명품 외에 플레이버티(Flavor Tea)나 스파이스티(Spiced Tea) 등 40종류나 되는 홍차를 한 곳에서 즐길 수 있습니다. 인기가 많은 것은 다즐링(Darjeeling)을 중심으로 다섯 종류

의 찻잎을 조합한 크리스티 브랜드와 우바를 사용한 로얄 밀크티인데 로얄 밀크티는 깔끔한 홍차 맛으로 스콘과 궁합도 딱 맞습니다.

가게 이름은 영국의 작가 아가사 크리스티에서 따 온 것입니다. 할머니 탐정 미스 마플이 활약하는 추리소설을 읽고 있으면 틀림없이 홍차를 마시고 싶어질 것입니다.

1 독서와 대화의 공간

키타센주 北千住

26
깃사 쿠라
(喫茶 蔵)

ADD 도쿄도 아타치구 센주(東京都足立区千住) 1-34-10
TEL 03-3882-0838
OPEN 10:00~18:00
일, 공휴일 휴무
↪ JR, 지하철 키타센주(北千住)역 서쪽 출구에서 도보 5분

menu
커피 500엔
홍차 500엔
팥죽(차 포함) 750엔
토코로텡 세트(커피 포함, 여름 한정) 700엔
붕어빵과 커피 700엔

복잡한 골목길을 더듬어가면 외벽에 '오쿠라시치야뗑(大倉質屋店)'의 상호가 남아있는 흰 창고가 보입니다. 이곳이야말로 리노베이션 카페의 선구라고 말할 수 있습니다. 기모노에 소매 있는 앞치마를 입은 여주인이 맞이해줍니다.

타이쇼 12년(1923년)에 지어진 전당품 보관창고를 개조한 가게 안에 이웃사람들의 대화가 꽃 피고 있습니다. 카운터 자리는 예전에 계산대였던 장소를 개조해 만들고, 두꺼운 문의 안쪽이 창고의 내부입니다. 2층 건물은 건물 내부의 일부가 위층까지 뚫려 있는 구조로 높은 천정 아래 방화와 방범을 위해 40센티나 되는 두께를 가진 벽으로 둘러쌓인 깃사쿠라의 시간은 천천히 흘러갑니다.

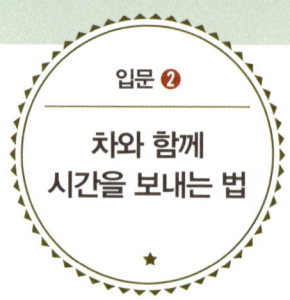

입문 ❷
차와 함께 시간을 보내는 법

등장인물
🅚 … 이 책의 저자, 가와구치 요코. 찻집 마니아. 물론 카페도 좋아함.
🅢 … 이 책의 편집자, 20대 남자. 주로 카페를 이용한다.

어느 날 오후, 길다란 카운터가 인상적인 찻집에서

🅚 (테이블석에 S의 모습을 발견하고) 많이 기다리셨죠?

🅢 안녕하세요?

🅚 왜 카운터석에 앉지 않았나요? 일부러 구석에 있는 테이블 자리에 앉으시고….

🅢 왠지 긴장이 되어서요.

🅚 네? 카페에서는 정작 아무렇지도 않으면서.

🅢 실은 제가 찻집에 오는 것은 여기가 처음이어서.

🅚 어머, 그렇다면…. 드디어 찻집 데뷔네요. 그렇다면 지금까지 한 번도 간 적이 없었단 말이에요!?

🅢 예.

🅚 우와, 믿기지 않네요. S씨는 어디서 자랐나요?

🅢 나카메구로(中目黒)입니다. 제가 커피를 마시게 되었을 무렵에는 집 주위를 포함해 근처에는 체인점 카페뿐이어서 찻집은 좀처럼 찾을 수 없었어요.

🅚 아하, 커피 문화가 아니라 에스프레소 문화 세대네요.

🅢 그렇습니다. 그래서 오늘은 가게 내의 분위기가 바로 파악이 안 돼서 허둥대다가 테이블석으로 와버렸네요.

카운터석에서 편하게 보내려면

K 그러고보니 스타벅스 같은 곳은 카운터라고 해도 가게 직원과 마주 보는 게 아니라 모두 벽이나 창을 향해 있죠. 따라서 찻집의 카운터에서 마스터와 정면으로 마주 보는 데는 익숙해져 있지 않을지도 모르겠네요.

S 예, 왠지 어색해서…. 마스터의 눈앞에서 커피에 밀크와 설탕을 넣어도 될지 어떨지도 모르겠고. 야단맞지 않을까요?

K 좋아하는 만큼 넣어도 돼요. 처음 한 모금만 그대로 맛보고 그 다음은 마음대로 하면 돼요.

S 마스터와 어떤 대화를 하면 좋은 것인지도 고민됩니다.

K 그냥 가만히 있어도 돼요. 책을 펼치고 있으면 '나는 대화를 원하지 않습니다.'라는 사인이 되니까요.

S 그렇군요. 카운터에서 해야 하는 센스 있는 행동이 있나요?

K 뭐, 평소처럼 자연스럽게 하세요. 스시집처럼 주문 순서에 신경쓰거나 하지 않아도 되니까요. 혼자라면 책을 읽고 두 명이라면 대화를 하면 돼요.

S 하지만 주위에 들리잖아요.

K 괜찮아요. 찻집의 마스터는 들리지 않는 척하는 게 능하니까요. 애당초 들어서 곤란한 말을 거기서 하겠어요?

S 아뇨아뇨(웃음).

K 카운터는 공공장소라고 생각하고 들어도 상관없는 이야기를 화제로 삼으면 되지 않겠어요? 유쾌한 이야기라면 옆 손님한테도 나누어준다는 생각으로요.

S 그건 일종의 서비스 정신인가요?

K 그렇지요. 그 자리에 앉아있는 사람과 즐거운 순간을 좀 나누어 가진다는 마음가짐이죠. 찻집의 묘미는 거리의 좋아하는 공간을 모르는 사람들과 공유하는 것이니까요. 그리고 자연스럽게 멍하니 있을 수 있는 것도 카운터의 고수지요.

S 으—음. 고수가 되려면 시간이 좀 걸릴 것 같네요.

K 단순히 습관이 문제입니다. 지금 이 순간을 즐기려는 마음만 가지고 있으면 카운터에서 어색한 자신의 모습도 재미있게 바라볼 수 있겠죠?

S 확실히 그럴지도 모르겠네요.

Ⓚ 그리고 또 금세 분위기에 익숙해져서 가게 마스터들이 해주는 마음에 와 닿는 이야기를 듣는 즐거움을 알기도 하고 그럽니다.

Ⓢ 시간 가는 줄 모르고 마스터와 이야기에 푹 빠지기도 하고요?

Ⓚ 그렇게 되면 카운터를 사적인 공간이라고 착각하는 난감한 사람이 되는 거죠.

Ⓢ 아, 그렇구나. 거리감이란 건 중요하네요. 마스터의 인품이나 가게의 분위기, 자신과의 궁합이라는 게 있겠죠?

Ⓚ 물론이죠. 여러 찻집을 방문하는 사이에 자신이 어떤 가게와 궁합이 맞는지 알게 될 겁니다.

Ⓢ 그렇군요. 찻집의 심오한 매력을 아는 것은 내 자신이 어떤 스타일을 좋아하는지 발견하는데도 연결될 것 같습니다. 앞으로는 좋은 찻집이 거리에 떨어져 있는지 없는지 찾으면서 산책하겠습니다.

제 2장

한 잔의 커피에서 얻는 것

긴자
銀座

27 카페 도 람부루
(カフェ ド ランブル)

ADD 도쿄도 츄오구 긴자(東京都中央区銀座) 8-10-15
TEL 03-3571-1551
OPEN 12:00~22:00 (라스트 오더 21:30) / 일, 공휴일 12:00~19:00 (라스트 오더 18:30)
연말연시 휴무
➥ 지하철 긴자(銀座)역 A4 출구에서 도보 7분
➥ JR 신바시(新橋)역 긴자 출구에서 도보 5분

menu

브랜드 커피 700엔~
각종 스트레이트 커피 770엔~
블랑에누와르 "코하쿠의 여왕(琥珀の女王)" 820엔
마사그랑 820엔
람부렛소 770엔
커피 젤리 770엔

왕과 황제, 법왕과 총통이 서로 다투는 것처럼 직접(自家) 로스팅한 커피의 세계에서도 람부루는 고급스러움으로 따지자면 거의 유일무이의 존재로서 1945년 이후(戰後)부터 현재까지 일본 커피 역사에 지대한 영향을 끼쳤다는 것은 이곳의 커피 맛을 한번 맛본 사람이라면 누구도 인정하고 말 것입니다. 와인처럼 숙성시킨 원두의 독특한 풍미와 그 오랜 시간 동안 카운터에서 주인과 손님이 주고받은 대화는 얼마나 많은 이야기와 가십을 만들어내었을지 저절로 상상이 갑니다.

골목길에 오렌지색으로 빛나는 '커피만의 가게'라고 적힌 입식 간판이 서 있습니다. 가게 문을 열고 들어가기 전에 쇼윈도를 살짝 보세요. 진열되어 있는 에나멜 포트라든가 얇은 데미타스 컵은 가게 주인인 세키구치 이치로(関口一郎)씨가 최고의 한 잔을 위해 고안한 것인데 컵 뿐만 아니라 로스팅기에서부터 커피 그라인드의 구조, 플란넬의 재질에 이르기까지 커피에 관련된 모든 것에 대해 철저하게 관찰하고 섬세하게 개량을 거듭해왔습니다.

자리에 앉아서 메뉴를 보면 무엇을 골라야 할지 모를 정도로 커피 종류가 다양합니다. 처음 마시는 커피로 추천을 받아보니 세 가지의 바리에이션을 추천해줍니다. 밀크를 넣은 커피, 중간 농도로 내린 블랙 커피, 가장 진한 블랙 커피가 있는데, 만약 커피를 좋아한다면 꼭 아주 진한 블랙=데미타스를 드세요. 커피의 매력을 최대한으로 끌어내기 위해 저온에서 천천히 추출됩니다.

커피를 별로 좋아하지 않는 사람들에게도 사랑받는 것은 '호박(琥珀)의 여왕'이라고 불리는 블랑에누와르(Blanc et Noir)인데 이것은 람부루에서 태어나 전국의 커피점으로 유명해진 커피입니다.

주문할 때 설탕을 넣을지 안 넣을지 꼭 묻는데 넣겠다고 대답한 사람에게는 설탕이 녹기 쉽도록 좀 더 뜨거운 물로 줍니다. 이는 커피 드립을 쉽게 하기 위해서입니다. 옛날에는 세키구치(関口)씨의 여동생이 드립을 담당했는데 설탕을 넣겠다고 하는 사람들을 야단치기도 했다고 합니다. 그때 당시를 기억하는 사

람들은 "카운터에 진을 치고 있는 단골손님도 대단한 사람들뿐이었는데 커피에 대해 아무것도 모르는 사람이 있으면 다같이 세련되게 커피 마시는 법을 가르쳐 주곤 했습니다. 그런 것들이 고맙기도 하고 송구스러워서 카운터석 같은 곳에는 앉을 수 없곤 했다네."라고 회상하고 합니다.

물론 지금이야 마시는 법은 각자 자유롭게 마시고 모두 가벼운 마음으로 카운터석에 앉아 있습니다. 주인인 세키구치씨는 1914년 아사쿠사(浅草) 태생으로 96세를 넘긴 현재도 매일 점포 앞에서 로스팅기를 돌리는데 그 모습에는 그저 탄복할 따름입니다.

"매사를 끝까지 캐고 연구하는 것이 타고난 기질이어서 그래."라고 하는 세키구치씨는 제대로 된 커피 이론서도 입문서도 없었던 시대에 오감에 의지하여 무수히 많은 실험을 반복하다가 사람들에게 선보인 커피가 좋은 평판을 받아

1948년 니시긴자(西銀座)에 가게를 열었습니다. 이것이 람부루의 출발점이었는데 걸출한 커피의 풍미에 매료되어 도몽 켄(土門拳) 같은 사진가들, 가부키 배우들, 작가들이 단골손님으로 이름을 올렸습니다.

"내가 맛있는 커피를 마시고 싶어서 개인적으로 연구에 몰두했는데 그걸 남들도 좋아하게 된 것이지요." 생원두를 10년 이상 숙성한 올드 커피의 깊은 풍미도 그런 연구의 일환입니다. 장기 숙성에 견딜 수 있는 좋은 원두만을 골라 와인 셀러처럼 온도, 습도 관리를 철저한 숙성실에 저장하면 신기하게도 수묵화를 연상케 하는 풍미로 변화합니다. 커피 원두 중 하나인 뉴크롭이 그려 보이는 화려한 색깔의 유채화와는 대조적인 수수하고 정적인 느낌을 주는 커피의 풍미인데, 이 또한 람부루에서만 경험할 수 있는 경지입니다.

2 한 잔의 커피에서 얻는 것

미나미센주 南千住

28 카페 바하
(カフェ バッハ)

ADD 도쿄도 타이토구 니혼즈츠미(東京都台東区日本堤) 1-23-9
TEL 03-3875-2669
OPEN 08:30~20:00
금요일 휴무
➥ JR, 지하철 미나미센주(南千住)역 남쪽 출구에서 도보 8분

menu
바하 브랜드 570엔
각종 스트레이트 커피 570엔~
아인슈페너 670엔
타킷슈 커피 830엔
카라멜 카푸치노 670엔
각종 케이크 420엔~

남녀노소에게 사랑받는 지역밀착형 찻집이면서 전국에서 커피를 좋아하는 사람들이 꼭 방문하는 성지같은 곳입니다. 청소가 잘 된 가게 내에서 직원들이 열심히 일하고 있습니다.

커피는 미디움 로스트에서 프렌치 로스트까지 로스팅 정도에 따라 분류하여 20종류 이상인데 아인슈페너, 즉 비엔나 커피 등의 선택 폭이 넓기 때문에 커피를 결정하는데 망설여진다면 부담 없이 직원에게 의논해보세요. 커피 타는 방법에 흥미가 있으면 카운터석으로 가보세요. 바하가 페이퍼 드립 방식을 선택한 것은 손님 바로 앞에서 보여주며 손님들의 질문에 답하면서, 커피를 맛보는 즐거움을 널리 전하기 위해서입니다. 1968년에 개업하고 가게 주인인 타구치 마모루(田口護)씨가 쓴 책은 오랜 세월에 걸쳐 스스로 로스팅해서 커피를 파는 가게를 마음에 두고 있는 사람들의 바이블이 되어왔습니다.

가게 로고에 들어가 있는 J·S·바하의 얼굴은 타구치씨가 클래식 음악 애호가이기 때문이고, 또 바하의 작품 '커피 칸타타'에서 유래되었는데 타구치씨와 바하 이 두 사람 사이에는 다수의 공통점을 발견할 수가 있습니다. 음악어법을 집대성한 바하가 훗날의 작곡가들에게 지대한 영향을 준 것처럼 그때까지 감각에 의존하고 있었던 로스팅의 세계에 처음으로 상세한 데이터와 이론을 정립한 타구치씨는 뛰어난 지도자로서 후배들을 육성하고, 또 좋은 반려자도 만났습니다. 타구치씨의 부인인 아야코(文子)씨가 제과 담당으로서 일을 도와주고 있습니다.

바하가 오르간 연주를 하면서 '특별한 것은 아무것도 없습니다. 올바른 키를 올바른 손가락으로 누르기만 하면 됩니다.'라고 말하는 것은 바로 타구치씨의 이념 그 자체입니다. 여기에서는 좋지 않은 원두가 핸드픽으로 제거된 것으로 한결같이 적절하게 로스팅이 되어 있을 것, 즉석에서 로스팅해서 신선할 것이 올바른 커피, 좋은 커피의 조건입니다.

"맛있는지 어떤지는 개인의 가치관에 의해 좌우되지만 좋은 커피는 조건을 하

나하나 클리어해가는 것으로 실현할 수 있습니다."라는 타구치씨는 결코 찻집에 적합한 입지라고는 할 수 없는 지역에서 영업을 계속하는 이유는 학창시절에 다녔던 시모키타자와(下北沢)의 조그마한 찻집 겸 바의 영향을 받은 것이라고 합니다. "마스터가 인간적으로 훌륭했어요. 음악을 중심으로 많은 지적자산을 공유시켜주기도 하고 시골에서 보내준 생활비가 너무 적어서 생활이 힘들다고 이야기한 날은 지폐로 지불하면 잔돈을 듬뿍 주며 마스터가 '가지고 가'라고 해주기도 했어요." 어렸을 때 겪었던 이러한 경험을 통해 찻집은 사람과 사람이 만나 서로 버팀목이 되는 장소이며 사소하지만 지역사회에 공헌하는 역할을 하고 있다는 생각으로, 찻집 개업 후에는 '이 장소에서 할 수 있는 것'으로 지역복지에도 도움을 주고 있습니다.

커피를 둘러싼 식문화에도 관심을 갖는 타구치씨의 지론은 "케이크와 커피는 연인의 관계, 빵과 커피는 부부관계입니다. 파리나 빈 등 케이크가 맛있는 곳은 모두 커피의 나라지요."라고 합니다. 2층 공방에서는 매일매일 커피와의 궁합을 소중히 여긴 케이크와 빵이 구워지고 있습니다.

도쿄 찻집　東京の喫茶店

오모테산도　表参道

※ 폐점했습니다.

29 다이보 커피점
(大坊珈琲店)

ADD 도쿄도 미나토구 미나미아오야마(東京都港南青山) 3-13-20 2F
➜ 지하철 오모테산도(表参道)역 A4 출구에서 도보 2분

menu
각종 브랜드 **600엔~**
각종 스트레이트 커피 **800엔**
밀크 커피 **750엔**
맥주 **650엔**
블랙 루시앙 **900엔**
치즈케이크 **450엔**

커피를 마시는데 익숙해지면 자기 나름대로의 취향이 나오는 법인데, 바이올린의 화려한 음색을 떠올리는 커피를 이상적이라고 하는 사람도 있는가 하면 클라리넷처럼 부드러운 풍미를 원하는 사람도 있습니다. 다이보 커피점의 커피는 깊이가 있는 저음을 울리는 명인의 첼로의 커피입니다.

'명인은 위기에 논다.'라는 말이 뇌리를 스칠 만큼 과감한 프렌치 로스트의 원두에서 떨어지는 고귀하고 우아한 선율은 자주 사람의 목소리에 비유되는 첼로의 음색 같습니다. 때로는 가게 주인은 굳이 아무런 말을 하지 않는데 커피가 마음 깊은 곳까지 들어가서 이야기해 주는 것 같은 느낌이 듭니다.

1975년 개점 당초부터 가게 주인 다이보 카츠지(大坊勝次)씨는 커피의 풍미와 커피의 향에 어울리는 공간 스타일을 위해 애써왔습니다. 검은 빛이 나는 소나무로 만든 (1)통머름 카운터 너머로 낮은 목소리로 주고받는 것은 예의바른 말들뿐입니다. 손님이 돌아갈 때는 반드시 눈을 맞추고 정중하게 감사의 인사를 합니다.

기분 좋게 잘 정제된 분위기와 설령 만석으로 사람들이 꽉 차 있을 때도 단정한 통주저음의 음악이 지속되는 이유는 가게 분위기의 반은 손님이 만드는 것이라는 마음가짐과 함께 여운이 풍부한 커피맛과 조용한 공간을 사랑하는 사람들이 가게에 깊은 애정을 표현해왔기 때문이겠지요. 가게 안에 비치된 책이나 미술 작품은 커피 마시는 시간을 보다 유용하게 만들어줍니다.

입구 벽에는 마키노 쿠니오(牧野邦夫)가 환상적인 필체로 쓴 '다이보 커피점의 오후'나 로스팅할 때의 연기로 변색된 문고판책이나 화첩이 선반에 있습니다.

거기에 두 권의 특별한 책이 섞여있는 것을 눈치챘나요? 원고용지를 천으로 표지를 싼 후 제본한 책인데 다이보씨가 좋아하는 두 명의 화가의 작품에 영감을 받아서 쓴 문장들을 엮은 것입니다. 히라노 료(平野遼)와 시오자키 사다오(塩崎貞夫)의 끝없는 어둠과 죽음에 대치해온 두 명의 작품은 가게 내에 전시될 때도 있는데, 그럴 때는 가게 분위기가 더 깊어지는 듯합니다. 매일 아침 손으

로 돌리는 조그마한 로스팅기로 로스트되는 커피는 브랜드 번호에 따라 사용되는 원두와 온수의 양을 바꿀 수 있습니다. 표준적인 농도는 3번인데 2번은 약간 진하고, 1번은 아주 진합니다. 개인적으로 추천하는 것은 카운터에 앉아 먼저 브랜드를 즐긴 후에 두 번째로 모카를 음미하는 풀코스입니다. 세련된 쓴맛과 부드러운 단맛이 응축된 극상의 모카는 자그마한 데미타스 컵으로 제공됩니다. 여름날 오후라면 겉보기에는 아이스 커피와 쏙 빼닮은 칵테일 블랙 러시안도 좋지요. 대낮부터 당당히 아무렇지도 않은 얼굴로 마시기 위한 이 한 잔은 바(Bar)를 주제로 한 멋있는 단편집으로 알려진 작가의 제안에 의해 메뉴로 추가되었습니다.

10년 전에 취재를 부탁했을 때 다이보씨는 "그저 담담하게 일을 하고 싶다."고 말했습니다. 주위 환경에 휩쓸리지 않고 이상적인 한 잔을 계속 제공한다는 것은 얼마나 힘든 일일까요. 지금 가장 중요시하고 있는 것을 묻자 "차분한 마음으로 커피를 만들고 싶습니다. 그것을 손님이 조용히 음미해줬으면 합니다." 다이보씨의 대답은 10년 전과 조금도 변하지 않았습니다.

---

(1) **통머름** : 조각을 잇지 않고 한 장으로 된 두껍고 긴 널빤지

치토세후나바시 千歳船橋

30 호리구치 커피 세다가야점
(堀口珈琲 世田谷店)

ADD 도쿄도 세타가야구 후나바시(東京都世田谷区船橋) 1-12-15
TEL 03-5477-4142
OPEN 11:00~19:00
3번째 수요일 휴무
↪ 오다큐선(小田急線) 치토세후나바시(千歳船橋)역 북쪽 출구에서 바로
※ 전석 금연

menu
커피는 약 20종류 정도(계절에 따라 변경)
케이크 세트 972엔

1990년에 빈즈 숍에서 출발해서 커피 애호가라면 누구나 아는 가게가 된 호리구치 커피(堀口珈琲)입니다. 예전 창업자인 호리구치 토시히데(堀口俊英)씨가 찻집과 카페의 차이에 대해 말한 정의는 어떤 면에서 핵심을 찌르고 있었습니다. '소프트 드링크의 매출이 50% 이상이라면 찻집, 푸드의 매출이 50% 이상이라면 카페.' 확실히 2000년대 카페의 주역은 식사나 디저트였지, 결코 커피 맛이 아니었습니다. 호리구치(堀口)씨는 일찍부터 일본의 스페셜 티, 커피의 세계를 이끌어 온 제 1인자입니다. 세계 각국을 뛰어다니며 근래 큰 변동을 일으킨 커피계의 최신 정보를 계속해서 발전시키고 있습니다.

2000년대에 도쿄의 카페에서 내놓는 커피의 퀄리티가 크게 높아진 것은 호리구치씨의 세미나의 공적에 의한 것도 클 것입니다. 커피 농원에서의 재배로 시작, 생두의 정제, 수송이나 보관, 로스팅에서 추출에 이르기까지 깐깐하게 엄선한 고품질의 한 잔을 디저트나 음식과 더불어 부담 없이 즐길 수 있는 것이 여기 세타가야점입니다. 2013년에 내부 수리와 리모델링을 행하고 최신 에스프레소 머신을 도입했습니다.

원두 매장에 진열되어 있는 것은 각국 농원에서 구입해 온 싱글 오리진과 #1에서 #9까지 컨셉별로 정리한 여러 브랜드 커피들입니다. 브랜드별 설명이 정말 잘 되어있는데, 예를 들면 자주 듣는 '와인 같은'이라는 표현이 무엇을 의미하는 것인지 커피 입문자라도 이해하기 쉽도록 친절하게 설명되어있습니다.

'와이니 & 벨벳'이라고 제목이 붙어있는 프렌치 로스트인 #6은 남프랑스의 적포도주와 같은 풍부한 향과 부드러운 맛이 특징이고 이것을 #7의 프렌치 로스트 '비터 스위트 & 풀바디'와 마셔서 비교해보면 무엇을 가지고 와인 같다고 말하는지 확실히 감을 잡을 수 있을 겁니다. #7의 부드러운 쓴맛과 은은한 단맛은 일관해서 프렌치 로스트를 제안해 온 호리구치 커피를 상징하는 맛입니다. 디저트와의 궁합도 아주 좋습니다. 단 "어떻게 느끼는가에는 정답이 없다."라고 직원인 오노즈카 히로유키(小野塚裕之)씨는 말합니다.

"호리구치 커피에 있어서 가장 중요한 것은 손님이 커피를 마시고 즐거운 시간을 보낼 수 있게 도와주는 것입니다. 어떤 맛을 즐기고 싶은지 솔직하게 말씀해 주시면 우리는 손님의 '입맛'에 최선을 다해 다가가도록 하겠습니다."

가정에서 맛있는 커피를 즐기려면 마시기 직전에 신선하고 품질이 좋은 원두를 커피 그라인더로 곱게 가는 것이 첫 번째 조건이지만 초심자에게는 문턱이 높습니다. 그 문턱을 낮추려고 가게 앞에는 구입하기 쉬운 가격대부터 최고의 성능을 가진 고급품까지 엄선한 커피 그라인더를 갖춰놓고 있습니다. 꾸준히 손님들을 계몽해 온 덕분에 커피를 분말이 아니라 원두 그대로 구매하는 사람이 대다수이고 놀랍게도 온라인에서도 90% 가까이가 원두 상태로 주문을 한다고 합니다.

세타가야점은 해외, 특히 한국에서 일부러 방문하는 사람들이 늘고 있어 만석으로 가게에 들어갈 수 없는 경우가 생겼습니다. 이 문제를 해결하기 위해 2015년 가을부터 창업 이래 첫 테이크아웃 판매를 개시했습니다.

2 한 잔의 커피에서 얻는 것

우에노 上野

31 웨스턴 키타야마 커피점
(ウェスタン北山珈琲店)

ADD 도쿄도 타이토구 시타야(東京都台東区下谷) 1-5-1
TEL 03-3844-2822
OPEN 12:00~19:00
월요일 휴무
↳ JR 우에노(上野)역 이리야(入谷) 출구에서 도보 5분

menu
각종 브랜드 커피 980엔~
각종 스트레이트 커피 980엔~
미야비(10~20년 숙성된 콩으로 만든 브랜드 커피) 2500엔
올드웨스턴 세트 2000엔(아이스는 2300엔)
미야비 세트 3200엔(아이스는 4200엔)

고고한 커피 맛은 물론 가게 내에 금지사항이 많이 쓰여 있는 것으로도 유명한 곳인데 문에는 '사무, 독서, 상담, 약속 장소 등 커피를 맛보는 것 이외의 일로 오시는 것은 사양합니다.'라는 벽보가 있어서 처음 온 사람을 멈칫하게 하는데 점주인 키타야마 토미유키(北山斗見之)씨는 사실은 온화하고 다정한 인품의 사람입니다. 키타야마씨는 대형 커피 회사에 근무한 후 1960년대 중반에 독립해서 개업했습니다. 한

잔의 커피에 생명을 불어넣으려면 가게 주인과 손님 양쪽의 협력이 필요하다고 합니다.

"내가 열심히 일하면 맛있는 커피가 될지도 모르지만 그 이상으로 만들 수는 없습니다. 손님이 '자신을 위해 최고의 일을 하라'고 하는 염원을 보내주면 그것이 나의 염원과 합해져서 비로소 기품이 있는 한 잔이 완성되는 겁니다."

커피가 나올 때까지 어떤 얼굴로 기다려야 되지… 하고 당황할 필요는 없습니다. 맛있는 커피를 마시고 싶다고 생각하면서 그냥 평소처럼 앉아 있는 걸로도 충분합니다. 이 날도 젊은 커플이 만면에 웃음을 띠우며 가게의 추천 세트 메뉴를 즐기고 있었습니다. 메뉴에 적힌 커피의 해설을 원하는 사람들도 있지만 "맛을 느끼는 방법은 사람마다 제각각 달라서 선입관을 주면 안 되니 자세한 설명은 피하고 있습니다."라고 말합니다.

그리고 홀을 담당하는 사모님의 명언 한 마디.

"'마스터와 이야기하는 것이 아니라 주문해서 나온 커피와 이야기해주세요'라고 부탁하고 싶습니다."

커피를 좋아하는 사람이라면 큰맘 먹고 농후한 '미야비(雅)'와 차가운 '시즈쿠(雫)'의 한 입 사이즈의 조합인 'B세트'를 시도해 보는 것도 괜찮을 듯합니다. 그것만으로도 키타야마 커피점의 매

력을 충분히 느낄 수 있을 겁니다. '미야비(雅)'는 와인처럼 정성 들여 원두를 숙성해서 15년 이상 숙성한 브랜드를 플란넬의 명인의 기술로 추출합니다. 묵직한 중량감을 가지고 다가오는 바디감과 농후한 맛을 완전히 즐기려면 전반은 블랙, 후반은 설탕과 크림을 더하면서 마시는 법을 추천합니다.

"블랙이 아니면 안 된다는 고정관념에 사로잡히면 재미없지요. 맛없는 커피에 설탕을 넣으면 더 맛없게 되지만 진하고 맛있는 브랜드에 넣으면 재미있는 맛이 나요."

미야비(雅)를 다 마시고 나면 가지고 오는 '시즈쿠(雫)'는 커피 고수든 초보자든 모두가 좋아하는 리큐르와 같은 한 잔입니다. 극히 소량의 달고 차고 농후한 커피의 표면에 좋은 생크림을 얹어, 천국의 이슬(雫)을 혀에 올린 것 같은 행복감에 젖게 됩니다. 로스팅은 가게를 이어받을 아들이 담당하고 있습니다.

"지금 본인의 몸이 컵 속에 들어가 버릴 정도로 정성을 담아 드립을 할 수 있도록 아들에게 가르치고 있는 중입니다."라고 말하는 키타야마씨입니다. 인테리어에 돈을 들일 여유는 없고 손님의 니즈(needs)도 전혀 연구하고 있지 않지만 모든 면에 있어서 자신이 믿는 커피를 깊이 연구하는 것을 최우선으로 하고 있습니다.

이 장소가 자신의 집이기 때문에 꾸준히 계속할 수 있었던 것 같다고 키타야마씨는 겸손하게 말하지만 이런 자부심을 가지고 특색 있는 메뉴에 대해 진지하게 생각하는 가게야말로 찻집계의 보물입니다.

긴자 銀座

32 쥬이치보 커피점 카페 베세
(十一房珈琲店 Café BECHET)

ADD 도쿄도 츄오구 긴자(東京都中央区銀座) 2-2-19
TEL 03-3564-3176
OPEN 10:30~22:30 / 토, 일, 공휴일 12:00~21:30
연말연시 휴무
➜ 지하철 긴자 잇쵸메(銀座一丁目)역 4번 출구에서 도보 1분

menu
각종 브랜드 커피 670엔~
오늘의 빈티지 1030엔~
각종 스트레이트 커피 720엔~
카페 모카 820엔
각종 홍차 720엔~
가토 쇼콜라 400엔

긴자 근처를 산책하다가 잠시 휴식하고 싶을 때 투명감 있는 커피와 독서의 즐거움을 모두 누릴만한 곳을 찾는다면 쥬이치보(十一房)가 제격입니다. 유리창 너머로 로스팅실이 보이는 입구로 들어가면 안쪽에는 자그마하지만 청결감 넘치는 공간이 이어져 있고, 진공관 앰프에서 나지막하게 흐르는 음악을 들을 수 있으며, 카운터와 테이블 어디에서나 조용하고 편안한 시간을 보낼 수 있습니다. 고상하고 깔끔한 브랜드는 라이트 로스트에서 이탈리안 로스트까지 5종류가 있습니다. 손바느질한 플란넬에 오리지널 동제(銅製) 포트로 뜨거운 물을 부어 정성 들여 드립합니다.

진한 커피를 자주 마시는 사람은 '츄노(中濃:약간 진한)'와 '데미타스'를 주문하면 커피를 보다 더 즐길 수 있을 겁니다. 메뉴에 나와 있는 '빈티지'는 15년 이상 숙성시킨 올드 빈즈(Old Beans)로 만든 것이고, 창업할 당시부터 숙성시켜 30년이나 되는 세월동안 잘 간직해 온 귀중한 생두도 있습니다.

가게는 1978년에 '카페 베세(Café BECHET)'로 오픈해서 앞에 '쥬이치보(十一房)'라는 이름을 추가했습니다. 초대 점장은 '람부루'의 전설의 로스팅 장인이라고 불린 야마다 유키오(山田幸男)씨로부터 기술을 전수받은 인물로 그 맛은 현재까지 이어지고 있습니다. 아이스 커피에는 얼음 전문 가게에서 주문한 얼음을 사용하는 등 잘 나가던 시절의 긴자의 여유를 풍기는 단아한 가게입니다.

133
2 한 잔의 커피에서 얻는 것

아사가야 阿佐ケ谷

33 카페 두와조
(CAFÉ DEUX OISEAUX)

ADD 도쿄도 스기나미구 아사가야 키타(東京都杉並区阿佐ヶ谷北) 4-6-28
TEL 03-3338-8044
OPEN 12:00~23:00
목요일 휴무
➥ JR 아사가야(阿佐ヶ谷)역 북쪽 출구에서 도보 10분

menu
각종 브랜드 커피 500엔~
각종 스트레이트 커피 550엔~
카페오레 550엔
블랑에누와르 650엔
홍차 550엔~
홈메이드 케이크 400엔~

놀랄만한 품격을 가진 아름다운 커피는 티끌만한 잡미도 없는 투명한 맛으로 승부합니다. "몇 잔이든 마실 수 있는 커피"를 만들기 위해 아라비카(굵게 간) 커피콩을 넬 드립하는 가게 주인인 소 다카오(宗孝男)씨에게 요령을 묻자 "플란넬에서 처음 한 방울이 떨어질 때까지 주의를 충분히 기울이고 그 이후는 자연스럽게 맡겨두면 된다."고 합니다. 메뉴에는 약 20종류의 커피가 라이트 로스트부터 이탈리안 로스트까지 보기 좋게 적혀 있고, 자연스럽게 올드 빈즈도 섞여 있습니다.

강하게 볶은 쿠바산 커피를 아주 진한 데미타스 잔에 마셨더니 산미(酸味)가 중화되어 숙성된 부드러운 커피콩 특유의 향이 코끝을 살짝 스치고, 부드러운 쓴맛과 감칠맛이 입안 전체에 가득 퍼집니다. 본인이 가장 이상적이라고 생각한 커피가 바로 앞에 있다고 생각할 수 있는 순간이 커피 애호가에게 있어서는 가장 행복할 때입니다.

소(宗)씨는 긴자의 '람부루'에서 야마다 유키오씨를 사형(師兄)으로 3년 반 동안 수련한 후 '쥬이치보 커피점'의 창업 때부터 로스팅을 담당해 온 명장인인데 1984년에 긴자를 떠나 한가로운 곳에서 일을 하고 싶다고 해서 아사가야에 "두 마리의 작은 새(두와조)"를 열었습니다. 느티나무 가로수가 아름다운 포장도로에 자그마한 상아빛 간판이 있고 가게 안쪽에는 청결한 유리 칸막이로 되어 있는 커피를 볶는 공간이 따로 마련되어 있습니다. 일부러 멀리서 이 커피콩을 사러 오는 사람들이 있는가 하면, 근처에 사는 이웃들은 이런 고급스런 커피를 매일 부담 없이 즐기고 있었습니다.

에비스 恵比寿

34

붸루데
(ヴェルデ)

ADD 도쿄도 시부야구 에비스 니시(東京都渋谷区恵比寿西) 1-20-8
TEL 03-3496-1692
OPEN 10:00~20:00 / 일, 공휴일 13:00~20:00
연중휴무
➥ JR 에비스(恵比寿)역 서쪽 출구에서 도보 5분

menu
각종 브랜드 커피 **600엔**
각종 스트레이트 커피 **600엔~**
카페오레 **700엔**
비엔나 커피 **750엔**
각종 홈메이드 케이크 **300엔**

커피와 휴식 시간을 원하는 사람들, 커피콩을 구입하려는 사람들이 끊임없이 찾아오는 베루데. 고마자와(駒沢) 거리와 맞닿은 곳에 있는 로스팅기는 오전과 오후, 매일 두 번이나 가동하는 부지런한 일꾼입니다.

꾸밈없는 점포 구조는 오래 앉아 있기보다는 짧은 대화와 좋아하는 커피 한 잔을 즐기고 조용히 자리를 뜨는 바(Bar)처럼 이용하는 것이 더 좋을 것입니다.

1981년에 소박한 찻집으로 오픈해서 90년대부터 본격적으로 자가 로스딩을 시작해서 '쥬이치보 커피점'에서 수련한 미야시타 아키라(宮下晃)씨가 가게 주인이 되어 에비스 주위의 사람들에게 꾸준히 사랑받아왔습니다.

커피는 전체적으로 강하게 볶는 경향이 있는데 넬 드립으로 한 매력적인 쓴맛과 깊은 감칠맛을 즐기게 해줍니다.

커피점에는 두 가지의 대조적인 자세가 있는 것 같습니다. 말하자면 시골 느낌의 커피점과 도시 느낌의 커피점인데, 시골 느낌의 커피가 속세를 초연한 듯이 고상한 느낌을 추구한다면 도시의 커피점은 어디까지나 생활 속에 항상 함께 있어 여러 사람들에게 다양한 커피를 제공할 수 있다는 것입니다.

"항상 신선하고, 싸고, 맛있는 커피를 만들 뿐입니다."라며 매일같이 바쁜 미야시타씨의 말 속에 도시의 커피점이 할 수 있는 베루데의 긍지를 느낄 수 있었습니다.

메이다이마에 明大前

35 야마네코 커피점
(山猫珈琲店)

ADD 도쿄도 세타가야구 마츠바라(東京都世田谷区松原) 2-28-11
TEL 03-3322-6522
OPEN 11:00~21:00
금요일 휴무
↪ 케이오 이노가시라선(京王井の頭線) 메이다이마에(明大前)역에서 도보 5분
※ 전석 금연

menu
각종 브랜드 커피 500엔~
각종 스트레이트 커피 500엔~
카페오레 550엔
블랑에누와르 650엔
구운 샌드위치 350엔
케이크 350엔

선로 옆의 조그마한 공간에 가득 찬 커피향과 진공관 앰프를 통해 나오는 조용한 재즈 그리고 사람들이 이야기하는 목소리가 가득한 야마네코 커피점은 벽에 있는 피켈이 가게 주인이 등산 애호가라는 것을 말해줍니다.
'쥬이치보 커피점'에서 수련한 카와무라 케이스케(河村敬介) 씨가 넬 드립하는 커피 한 잔은 맑은 강물의 흐름처럼 수면

은 평온하지만 수면 아래의 흐름은 빠르고 곳곳에 깊은 골이 있는 듯합니다.

로스팅하는 커피를 가만히 들여다 보고 있노라면 "이제 곧 다 됐어."라고 커피콩이 말을 걸어온답니다. 로스팅 직후의 커피 맛은 거칠기 때문에 며칠간 숙성시켰다가 부드럽게 되면 사용합니다.

도쿄 찻집 東京の喫茶店

신바시 新橋

36 쿠사마쿠라
(草枕)

ADD 도쿄도 미나토구 니시신바시(東京都港区西新橋) 1-10-1
TEL 03-3597-1212
OPEN 10:00~23:00 / 토 10:00~18:00
일, 공휴일 휴무
↪ 도에이미타선(都営三田線) 우치사이와이쵸(内幸町)역 A4 출구에서 도보 3분
↪ 지하철 토라노몽(虎ノ門)역 1번 출구에서 도보 4분

menu
각종 커피 650엔~
냉커피 700엔
우유 커피 700엔
와삼봉(和三盆) 과자 200엔
치즈케이크 400엔

로스팅 냄새가 풍기지 않았던 비즈니스 거리에 커피점이 탄생했습니다. 수수한 색깔의 마로 된 ⑴포렴을 드리운 외관이나 약간 어둑어둑한 분위기로 책이 진열된 가게 공기는 옛날부터 이 거리에서 함께해 온 것 같으나 개점은 의외로 2007년입니다.

여기에서는 쓴맛이 뛰어난 중후한 커피 한 잔을 차분히 맛볼 수 있습니다. 손으로 돌리는 커피 로스팅 기계와 넬 드립을 사용하는 고지식한 젊은 가게 주인 아이요시 코스케(相吉康輔)씨는 다이보 커피점에 매료되어 10년간 손님으로 다니며 독학으로 로스팅 기술을 습득해서 커피를 만들고 부인은 케이크를 만들면서 손님을 맞이하고 있습니다.

가게명은 글렌 굴드도 애독한 나츠메 소세키(夏目漱石)의 소설에서 따 왔습니다. ⑵"하여튼 사람 사는 세상은 사는 게 힘들다."라고 생각될 때 한 잔의 커피는 어떨까요?

⑴ **포렴** : 술집이나 복덕방의 문에 간판처럼 늘인 베 조각
⑵ **하여튼 사람 사는 세상은 사는 게 힘들다(兎角に人の世は住みにくい)** : 일본 현대문학의 아버지라 불리는 나츠메 소세키의 소설 쿠사마쿠라(草枕)의 서두에 나오는 말

찻집에세이 1

작지만 강한 끌림을 가지고 있는 찻집 문화와 그 끌림을 만들어내는 점주에게 찻집의 일상에 대해 글을 써 달라고 부탁드렸습니다.

찻집이라는 장치

글. 이 하토 보의 점주, 이마자와 유타카(今沢裕)

아침에 집을 나와 건강을 위해서 길을 걸으며 그날의 컨디션을 체크하고 가게로 들어간다. 청소기를 돌리고 가구, 집기를 정돈하고 물을 끓인다. 전날 들어온 연락사항을 체크하고, 가게가 잘 돌아가게끔 모든 것을 준비한 후에 물품을 구입하러 나간다. 간판을 밖에 내 놓고 본격적으로 가게의 시작을 준비한다.

이 가게는 바닥, 벽, 천정이 모두 나무판자이다 보니 준비 작업을 하는 사이에 여기저기서 삐걱거리는 소리가 난다. 소리는 계절이나 날씨에 따라 바닥에서 나기도 하고, 천정에서 나기도 하는데, 모든 것을 가동시키고, 하루의 영업준비를 하는 이때가 가게의 일상 중에서 가장 알차고 보람이 있는 때이다. 왜냐하면 완벽하게 준비된 '틀'을 깰지도 모르는 손님이 그 시간에는 없기 때문이다.

그러나 찻집이라는 것은 그러한 손님이 와주지 않으면 제 기능을 다하지 못하는 장치와도 같은 곳이다. 간단히 말하면 찻집의 업무는 기업에 비유하자면 총무부와 같지만 규모는 작은 사업체이다 보니 혼자 인사, 경리와 경비, 법무, 스태프의 업무, 서무까지 다 해내야 하는 곳이기도 하다. 그것이 찻집의 일상을 지탱하는 토대인 큰 '틀'인데, 이 모든 것을 해야 비로소 영업이 시작된다. 그렇게 해서 찻집이라는 장치가 제 기능을 시작하더라도, 이번에는 한 명 한 명의 손님과 대면하고, 가게 내의 환경이나 메뉴 내용을 안내한다.

그리고 찻집이 실제로 가공, 생산하고 있는 상품은 메뉴에 있는 품목들 외에 찻집에서 보내는 '시간'과 '장소'가 있고 또 레시피를 엄밀히 작업해서 제공하는 이유는 이곳에서 즐기는 '시간'과 '장소'를 보다 편하게 이용해 주길 원하는 마음에서 나오는 것이다. "청결하고 딱 좋은 밝기의 장소 A Clean, Well–Lighted Place(E. 헤밍웨이)"에서 좋은 시간을 보낼 수 있도록 어떤 때는 손님의 아이를 맡아주거나, 가게가 모아 온 서적이나 CD의 문의에 대응해 준다. 그러한 사회의 보건실, 응접실, 도서관으로서의 역할을 하는 것도 중요한 한 부분이다. 비록 이러한 서비스가 가게 내의 손님 한 명 한 명에게 공평하지 못해서 찻집이 가지고 있는 '틀'이 깨져버리면 분위기가 상할 때도 있을 것이다. 하지만 분명히 그 속에서도 서로에 대한 자그마한 공감에 의한 웃는 일도 생길 것이다. 그러한 사실이 무엇보다 즐겁다.

찻
집
에
세
이
2

"책이 없는 커피는 나는 생각할 수 없다."
(우에쿠사 진이치)
찻집과 독서는 떼려야 뗄 수 없는 관계에 있다.

커피를 맛있게 만드는 책의 효능
글. 다이보 커피점(大坊珈琲店)의 점주, 다이보 카츠지(大坊勝次)

커피 맛은 로스팅에 의해 결정된다고 할 수 있다. 로스팅에 대해 조금 설명하겠다. 프렌치 로스트 쪽으로 가면 산미(신맛)가 서서히 없어져서 제로에 가까워진다. 여기를 잠정적으로 배전도 '7'로 해 두겠다. 프렌치 로스트에 의한 단맛은 이 정도일 때에 있다. '7.5' 정도까지 볶으면 단맛은 강해지지만 맛은 조금 무거워진다(쓴맛). 그리고 '6.5' 정도면 신맛을 포함한 가벼운 단맛이 된다(산감).

어떤 커피콩이냐에 따라 그 맛의 차이는 있지만 산미를 조금 남기고 쓴맛을 엷게 해서 단맛을 내려면 '6.8' 정도가 딱 좋은 것 같다. 이 미묘한 차이를 냄새로 구분하는 것이 즐거워진다. 늘 잘 된다는 보장은 없겠지만 말이다.

(1)『카센(歌仙)』이라는 책이 있다. (2) 렌쿠(連句)를 담은 책이다. 그 중의 「신주 편(新酒の卷)」에 다음과 같은 (3) 홋쿠(発句)와 (4) 와키쿠(脇句)가 있다.

鳴る音にまづ心澄む新酒かな   - 夷齋
술 따르는 소리만 들어도 마음이 두근거리는 새 술이구나

木戸のきしりを馳走する秋   - 流火
대문의 삐걱거리는 소리마저 대접받는 느낌을 주는 가을이구나

이사이(夷齋)씨는 이시카와 준(石川淳)이고, 류카(流火)씨는 안도 츠구오(安東次男), 손님(客人)과 주인(亭主) 사이이다. 그 외에 오오카 마고토(大岡信)와 마루야 사이이치(丸谷才

一)가 ⑤렌쥬(連衆)이다. 참으로 뛰어난 4명의 ⑥가인(歌人)이다.
이 와키쿠(脇句)가 괜찮은 거 같다. '술을 따르는 소리'에 '대문의 삐걱거리는 소리'로 대구(對句)한 점이 운치가 있다. 그 ⑦우라(裏)에 다음과 같은 글이 있다.

モンローの傳記下譯五萬円　　-才-
먼로의 전기를 초벌번역하는데 5만엔

どさりと落ちる軒の残雪　　- 信
털썩 떨어지는 처마의 남아있는 눈

이런 건 재미있는 것 같다. 렌쿠(連句)를 잘 모르거나 룰을 몰라도 앞사람이 만든 것을 받아 해석을 바꾸면서 그 다음을 아슬아슬하게 연결해 가는 모습에 글을 읽는 스릴을 느낄 수 있을 것이다.

커피콩에 따라 차이가 있다는 것을 잠깐 설명하도록 하겠다. 예를 들면 에티오피아의 예가체프라는 커피콩을 '7.2'로 로스팅할 경우, 색깔도 향도 쓴맛의 범주에 들지만, 맛에는 시고 단맛이 남아있는 경우가 있다(물론 '6.8'이라도 괜찮은 맛이다). 같은 에티오피아라도 젤겔루(Gelgelu)라는 커피콩은 '6.8'의 로스팅으로도 산미가 거의 없어져서 부드러운 단맛이 난다.
또는 예멘의 어떤 커피콩의 경우 '6.5' 정도로도 산미가 부드러워지고, 쓴맛이 아주 살짝 나며, 단맛은 나긴 하지만 느낄려고 하면 바로 없어져 버린다. 커피 맛을 평가할 때는 「⑧사(紗)와 같은」이라든가, 「⑨라(羅)와 같은」식으로 말하기도 한다. '7'을 기준으로 커피콩마다 어느 쪽으로 가깝게 할 것인지, 또는 그 기준일 때 어떠한 맛이 나는지 음미하는 것은 즐거움이기도 하지만 고민이기도 하다.

비(雨)

南風は柔らかい女神をもたらした。
남풍은 부드러운 여신을 불렀다

青銅をぬらした、噴水をぬらした、
청동을 적셨고, 분수를 적셨고

ツバメの羽と黄金の毛をぬらした、
제비의 날개와 황금 털을 적셨고

潮をぬらし、砂をぬらし、魚をぬらした、
바닷물을 적셨고, 모래를 적셨고, 물고기를 적셨고

静かに寺院と風呂場と劇場をぬらした、
조용하게 사원과 목욕탕과 극장을 적셨고

この静かな柔い女神の行列が
이 고요하고 부드러운 여신의 행렬이

私の舌をぬらした。
나의 혀를 적셨다

이것은 니시와키 준사브로(西脇順三郎)의 작품인데, 마지막 행의 살짝 느꼈다가 금방 사라지는 듯한 감각이 괜찮다. 더 여러 가지 비유를 들고 싶지만 이 정도로 마무리 하도록 하겠다.

『카센(歌仙)』...안도 츠구오(安東次男) (대표) 세이도샤(靑土社)
『ambarvalia』...니시와키 준사브로(西脇順三郎) 시이노키샤(椎の木社)

(1) **카센(歌仙)**: 렌카(連歌). 하이카이(俳諧)의 형식의 하나로 장구(長句)와 단구(短句)를 번갈아가며 36구(句)를 계속해서 읊는 형식
(2) **렌쿠(連句)**: 하이카이(俳諧)의 렌카(連歌)의 별칭
(3) **홋쿠(発句)**: 시가의 첫 번째 장구(長句)의 명칭으로 다테쿠(起句)라고도 한다.
(4) **와키쿠(脇句)**: 시가에서 두 번째 단구(短句)의 명칭
(5) **렌쥬(連衆)**: 렌카(連歌)나 렌쿠(連句)를 공동제작하기 위해 모이는 사람들
(6) **가인(歌人)**: 와카(和歌)의 작가. (수준 이상의) 와카를 짓는 사람
(7) **우라(裏)**: 와카(和歌)나 렌카(連歌)를 쓸 때 정식으로 쓰는 종이인 카이시(懷紙)의 각각의 뒷면을 말한다. 한 장을 반으로 접었을 때 겉면 첫 페이지가 쇼오모테(初表), 두 번째 페이지가 쇼우라(初裏), 세 번째 페이지에 해당하는 것이 나고리노 오모테(名殘の表), 네번째에 해당하는 것이 나고리노 우라(名殘の裏).

〈그림 참조〉　**카센(歌仙) 형식의 예**

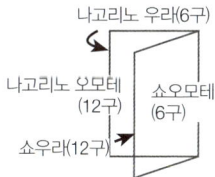

(8) **사(紗)**: 얇은 견직물의 일종. 명주실로 바탕을 조금 거칠게 짠 비단
(9) **라(羅)**: 얇은 견직물의 총칭. 얇은 명주 등

제 3장

찻집 공간의 스타일

도쿄 찻집 東京の喫茶店

하라주쿠 原宿

37 카페 안세뉴 당구루 하라주쿠점
(カフェアンセーニュダングル 原宿店)

ADD 도쿄도 시부야구 센다가야(東京都渋谷区千駄ヶ谷) 3-61-11
TEL 03-3405-4482
OPEN 10:00~23:00
12월 30, 31일 휴무
➜ JR 하라주쿠(原宿)역 타케시타(竹下) 출구에서 도보 4분

menu
브랜드 커피 600엔
각종 스트레이트 커피 750엔~
카페 크렘 750엔
밀크티 650엔
가토 프로마쥬 500엔
크로크무슈 700엔

프랑스어로 '모퉁이의 간판'을 의미하는 가게 이름은 그 뜻대로 숨어있습니다. 안세뉴 당구루가 있는 곳은 조용한 골목길의 모퉁이에 지어진 낡은 건물의 반지하인데 담쟁이덩굴 외벽에 걸려있는 빨간 커피 포트와 차양을 따라 지하로 연결된 계단을 내려가면 어둑어둑한 공간이 기다리고 있습니다.

'프랑스 벽촌의 외딴집'의 이미지로 굵은 대들보 아래에 회반죽으로 된 벽이나 기둥을 교묘하게 이용해서 공간을 느슨하게 막아 편안한 분위기를 연출하였습니다. 램프의 부드러운 음영과 장미 전문점에서 배달되는 고급 꽃들로 이곳만의 분위기를 만들어내고 있습니다.

비가 내리는 오후에 창가에서 빗소리를 들으면서 혹은 가을날 깊은 밤에 친한 사람과 램프 아래에서 커피의 따뜻함을 즐기다보면 잔잔한 감동이 올 것입니다. 좋은 찻집에 있으면 계절의 매력을 온전히 느낄 수 있습니다.

안세뉴 당구루가 개점한 것은 1975년으로 가게 주인인 하야시 요시쿠니(林義國)씨가 건축 디지이너인 미츠키 신페이씨와 더불어 만들어 낸 이 찻집은 찾기 힘든 위치지만 금방 소문이 나서 '프랑스 스타일 커피점'으로 이 일대에 유명해졌습니다.

프렌치 로스트의 올드 빈즈를 넬 드립하는 커피는 독서에 집중하고 싶을 때 잘 어울리는 쓴맛이 매력적이고, 달고 차가운 커피에 생크림을 띄운 명작 '호박의 여왕'도 이 강한 쓴맛이 베이스에 깔려 있기에 맛있습니다.

당시 일본에서 유행하고 있던 약하게 볶은 '아메리칸 커피'의 가벼운 풍미와는 대조적인 맛과 뚜렷한 세계관을 가지고 공간 구조의 중후한 분위기는 잇달아 개점한 많은 찻집의 본보기 같은 존재가 되었습니다. 안세뉴 당구루에서 수련한 사람들도 독립해서 각지에 찻집을 열어 마츠키 신페이씨이 인테리어 디자인과 프렌치 로스트 커피콩을 넬 드립하는 스타일을 답습하여 그 지역에서 사랑받고 있습니다. 현재 하야시씨가 일하는 곳은 1985년에 오픈한 지유가오카점(自由が丘店)인데 램프나 캐비넷 등은 진품으로 아르누보 시대의 가구를 모아

서 선보이는 우아한 공간입니다.

갈 때마다 역시나 마음이 편하다고 느끼는 하라주쿠점 카운터에는 젊은 날 하야시씨의 조그마한 사진이 장식되어있습니다. 하라주쿠점의 점장 이야기로는 하야시씨는 직원에게 정통파 바의 카운터맨과 같은 태도를 요구한다고 합니다. 손님이 필요하면 언제든지 도움을 줄 수 있도록 가게 전체를 주시하면서 카운터석의 손님이 말을 걸어오면 기분 좋게 대응하는 것, 불필요한 소리를 내지 않는 것, 주문이 밀릴 때도 조급하게 식기 소리를 내지 않고 평온한 시간을 방해하지 않도록 주의를 기울이고 있습니다.

매장의 흰 벽은 35년이라는 세월 속에 호박색으로 변해 부드러워졌습니다. 오랫동안 사람들을 맞이할 것을 염두에 두고 설계한 바닥은 아직도 전혀 수리할 필요가 없다고 합니다. 이렇게 편안한 분위기가 변함이 없는 것은 사장님의 강한 의지가 있기에 가능한 것이겠지요.

도쿄 찻집 東京の喫茶店

롯본기 六本木

38 카화분나
(カファブンナ)

ADD 도쿄도 미나토구 롯본기(東京都港区六本木) 7-17-20 메이셍(明泉)빌딩 2F
TEL 03-3405-1937
OPEN 12:00~22:00 (라스트 오더 21:00) / 토 13:00~22:00 (라스트 오더 21:00) / 일, 공휴일 13:00~19:00 (라스트 오더 18:30)
연중무휴
↪ 지하철 롯본기(六本木)역 2번 출구에서 도보 3분

menu
각종 브랜드 커피 **650엔**
각종 스트레이트 커피 **980엔~**
카페오레 **760엔**
코하쿠의 여왕(琥珀の女王 : 블랑에누와르) **870엔**
홍차 **810엔**

롯본기(六本木)의 뒷골목에 자리하고 있어 롯본기 거리의 변천사를 조용히 지켜봐 온 찻집이 있습니다. 1972년에 창업되어 당시 아직 신인이었던 마츠키 신페이씨의 공간 디자인과 코크테루당의 프렌치 로스트 커피를 처음 제안한 기념비적인 가게입니다.

거리를 내려다보는 창가 자리, 오래된 긴 카운터, 칸막이가 있어서 차분해지는 벤치 시트 등, 다양한 공간구성은 40년 가까운 세월이 지난 지금도 여전히 매력적인 모습입니다. '찻집은 일본의 독자적인 문화'라고 말하는 가게 주인 노세 (能勢)씨는 혼자 카운터에서 넬 드립하며 싹싹하게 손님들과 이야기를 주고받습니다. 옛날의 미국 영화 음악을 듣는 것이 요즘 생긴 취미라네요.

시모키타자와 下北沢

39 카페 토로와 샴부루
(カフェ トロワ シャンブル)

ADD 도쿄도 세타가야구 다이자와(東京都世田谷区代沢) 5-36-14 유아사(湯浅)빌딩 2F
TEL 03-3419-6943
OPEN 09:30~23:00
연중무휴
↳ 오다큐센(小田急線) 시모키타자와(下北沢)역 남쪽 출구에서 도보 3분

menu
각종 브랜드 커피 550엔
각종 스트레이트 커피 700엔~
카페 크렘 750엔
맥주 750엔
케이크 세트 850엔

계단을 올라가서 펼쳐지는 따뜻한 색의 공간에 들어가면 옆에 보이는 회반죽 벽에도, 미송으로 만든 카운터에도 세월의 흔적이 역력합니다. 이 공간에서 특이한 것은 의자의 등 부분이 빠져있는 수많은 등나무 의자인데요, 가게 주인인 마츠자키 히로시(松崎寬)씨는 "네 번이나 갈아가며 소중히 써 왔는데 결국 수리 공방이 없어져 버렸습니다."라고 합니다.

진보쵸(神保町)의 토로와 바구에서 3년간 수련한 후 독립해서 1980년에 '3개의 방'을 뜻하는 찻집을 열었습니다. 장소의 성격상 연극인들의 글 쓰는 방, 회의용 방으로서도 애용되고 있습니다.

도쿄 찻집 　東京の喫茶店

고탄다　五反田

40 카페 뚜쥬르 데뷰테
(CAFÉ TOUJOURS DÉBUTER)

ADD 도쿄도 시나가와구 히가시고탄다(東京都品川区東五反田) 5-27-12 오우기코토부키(扇寿)빌딩 B1F
TEL 03-3449-5491
OPEN 12:00~22:30
부정기 휴무
➜ JR 고탄다(五反田)역 동쪽 출구에서 도보 2분

menu
브랜드 커피 600엔
각종 스트레이트 커피 800엔~
오레 그랏세 700엔
맥주 750엔
가토 쇼콜라 500엔
파니니 850엔

역 앞 대로변은 각종 체인점들로 가득 채워지고 있는 도쿄 거리입니다. 이러한 인상이 특히 강한 고탄다에서 차창으로 보이는 선로가의 조그마한 빨간 차양은 목도 마음도 촉촉이 축여주는 찻집이라는 귀중한 표식입니다. 계단을 내려가면 서재의 온도와 습도가 생각나는 공간이 나타납니다. 문을 열면 바로 나타나는 곳이 카운터석이고 그 좌우에 조그마한 방 같은 공간이 마련되어 있습니다. 몇 명이서 대화를 차분하게 즐기고 싶으면 회반죽 벽의 오른쪽으로, 둘이서 친밀한 이야기를 하고 싶으면 왼쪽으로 들어가세요. 왼쪽은 정말 아주 조그마한 서재 같은 분위기로 복잡한 일상의 고민도 여기까지는 쫓아오지 않을 것 같습니다.

입에 딱 알맞은 정도로 쓴맛 나는 커피는 코크테루당의 올드 빈즈를 플란넬로 추출하였습니다. 고소하게 구운 파니니도 평판이 좋습니다. 가게 주인인 아키야마 카즈히로(秋山和広)씨는 프렌치 스타일의 찻집에 빠져서 이곳 저곳을 다니며 독학으로 드립 기술을 습득해서 1986년에 찻집을 개업했습니다.

다양한 음영을 표현하는 조명도 연출의 중요한 요소입니다. 조명 아래서 구석구석까지 보게 되는 패밀리 레스토랑 같은 공간과는 반대로 정적인 안도감을 주면서 램프 빛이 연출하는 깊은 분위기가 나이 많은 손님들에게도 사랑받고 있습니다.

시로가네 타카나와
白金高輪

카페 베루 에퀴프
(Café Belle Equipe)

ADD 도쿄도 미나토구 시로카네(東京都港区白金) 1-14-4
TEL 03-6659-7422
OPEN 12:00~23:30 / 일, 공휴일 10:00~21:00
첫째, 셋째 월요일 휴무
↪ 토에이미타센(都営三田線) 시로가네타카나와(白金高輪)역 4번 출구에서 도보 3분

menu
브랜드 커피 2종 각 **550엔**
각종 스트레이트 커피 **750엔~**
카페 비엔나 **650엔**
각종 알코올 **800엔~**
단호박 푸딩 **550엔**
홈메이드 로스트 포크 샌드위치 **750엔**

"One for the road, 집에 돌아가는 길을 위한 한 잔"이라는 간판의 가게 이름 아래, 바짝 붙어 있는 그 글귀에 작은 메시지가 들어있습니다.
골목길과 접하고 있는 돌출 창문에는 더치커피 기구와 몇 권의 책이 있고, 문 맞은편에는 카운터 4석 그리고 테이블이 두 개만 있는 조용한 공간이 있습니다. 카운터석과 테이블 사이는 칸막이로 되어 있어서 혼자서 조용하게 즐길 수 있습니다.
커피는 저온의 온수와 플란넬을 사용해서 깔끔한 맛으로 추출하였습니다. 스트레이트 커피도 종류가 다양해서 진한 데미타스를 원한다면 따로 주문할 수 있는데 점주인 히이라기 유타카(柊豊)씨에게 추천 메뉴를 물으니 뜻밖에도 카페 비엔나(여기서 '카페'는 이탈리아어로 커피라는 뜻)를 추천받았습니다.
"맛이 다양한 커피야말로 바리스타의 솜씨를 알 수 있는 기준이 되는 지표라고 생각합니다."
결국은 바에 있어서 칵테일 같은 존재랄까요. 정성을 들여서 탄 커피의 쓴맛, 설탕의 단맛, 듬뿍 담은 차가운 휘핑크림의 식감이 삼위일체가 된 카페 비엔나는 전통적인 찻집과는 또 다른 맛이 나는 21세기의 진화형 커피라고 할 수 있습니다. 만약 공복이라면 여기에서 직접 만든 로스트 포크 샌드위치로 알찬 식사도 즐길 수 있습니다.

히이라기씨는 20대에 다양한 직업을 체험하고 우연히 카페 뚜주르 데뷰테에서 일하게 되었을 때 찻집이야말로 이상적인 직업이라고 직감하고 그 후 이탈리안 레스토랑 등을 거쳐 2007년에 자신의 가게를 시작했습니다.

결코 넉살좋은 성격이 아닌데도 단골손님이 많은 것은 히이라기씨가 카운터업이 뭔지를 잘 알고 있기 때문일지도 모릅니다. 이 찻집은 날이 저물고 나면 몰트바로서의 모습도 가지고 있어서 언제든 카운터에 앉아 따뜻한 이야기를 주고 받을 수 있습니다.

찻집과 바의 공통되는 역할은 좋은 일이 하나도 없었다 하더라도 그런 하루마저 웃음과 함께 마무리하기 위해 귀갓길에 잠깐이라도 들르는 사람들의 휴식장소가 되는 것입니다. 그러므로 카운터를 지키는 카운터맨이란 커피나 술을 매개로 해서 사람들의 온갖 이야기에 귀를 기울이는 것이 주요 업무이기도 합니다.

"왜 이렇게 카운터 판이 두꺼운가 하면 농담이든 고민이든 손님의 마음을 모두 제대로 받아들이기 위해서지요." 히이라기씨를 통해 손님들간의 인연도 생겨나고 있습니다. 가게 이름은 프랑스어로 '좋은 친구'랍니다. 마음이 편해지는 찻집은 인생의 좋은 친구입니다.

제 4장

매혹의 한 접시,
찻집의 명물 메뉴

도쿄 찻집 東京の喫茶店

신주쿠 新宿

42

베르크
(BERG)

ADD 도쿄도 신주쿠구 신주쿠(東京都新宿区新宿) 3-38-1 루미네에스토(ルミネエスト) 신주쿠 B1F
TEL 03-3226-1288
OPEN 07:00~23:00
12월 31일 휴무
➥ JR 신주쿠(新宿)역 동쪽 출구에서 도보 30초

menu
각종 커피, 에스프레소 216엔~
각종 생맥주, 와인 324엔~
각종 핫도그 313엔~
각종 햄, 소시지 421엔~
10종류 야채의 시저 샐러드 410엔
각종 케이크 324엔~

도쿄 찻집 東京の喫茶店

셀프서비스를 하는 패스트푸드점이라고 베르크를 가볍게 생각했다면 아마 큰 코 다치게 될 겁니다. 빠르고, 싸고, 맛있는 이상적인 3요소를 모두 만족시키면서도 평범한 듯이 진열되어 있는 상품들은 직원들이 자부하는 재료들로 만든 것들입니다. 음식을 만들 때의 기본은 '자신들이 매일 안심하고 먹을 수 있는 음식'으로 만드는 것입니다. 메뉴 하나하나 전부 맛있지만 가장 인기가 좋은 것은 역시 베르크도그입니다. 빵과 소시지뿐인 심플한 단품이지만 빵의 명인과 소시지의 명인 그리고 베르크가 손을 잡고 개발한 맛은 질리지 않을 뿐 아니라 먹으면 먹을수록 매력을 더해 갑니다. 방부제를 첨가하지 않는 천연 효소빵의 순순한 향, 소시지의 충실한 밀도와 장인의 기술과 긍지가 경이적인 저가격을 지탱해주고 있습니다.

베르크의 점포는 불과 15평으로 사람들이 많이 붐비는 신주쿠역 지하 개찰구 바로 옆에 있습니다. 용케도 그 작은 공간에서 깜짝 놀랄 정도로 다양한 메뉴들을 만날 수 있습니다. 입구에는 밝은 표정의 꽃들, 벽에는 잘 나가는 사진가의 오리지널 사진전이 있어서 감히 다른 누군가가 흉내 내서 만들려고 해도 만들 수 있는 가게가 아닙니다.

서서 마시는 곳과 의자에 앉아서 먹는 곳이 반반인 가게 안은 금방 사람들로 넘쳐, 혼잡할 때는 출근길 지하철과 같은 모습을 가지고 있습니다. 다만 콩나물 시루 같은 출근길 지하철은 어쩔 수 없어서 타는 사람들뿐이지만 베르크를 방문하는 사람들은 정말 좋아해서 오는 사람들이니까 좁다는 생각을 하면서도 커피나 맥주를 마시러 옵니다.

본인이 즐기기 위해 여기에 찾아온다는 손님들의 마음가짐이 가게를 응원해주는 원천이 되고 그것이 또 서서 마시는 카운터에서도 서로가 서로를 양보하는 아름다운 마음을 낳는 것일지도 모릅니다.

베르크는 그 일대의 큰 건물들의 부당한 퇴거요구에도 전혀 굴하지 않는 존재로서도 유명합니다. 조그마하고 보잘 것 없는 베르크의 계속적인 영업을 원하며 15,000명이 넘는 팬들이 퇴거 철회 서명에 협력하여 탄원서와 함께 건물 측에 제출했지만 현재도 대치적인 상황입니다. 어떻게 되어가고 있는지 경과를 일일이 보고하는 베르크의 웹사이트를 보면 높고 견고한 벽과 거기에 부딪혀서 깨지는 계란이 있다고 하면 자신은 늘 계란 측에 서겠다고 한 무라카미 하루키(村上春樹)의 감동적인 예루살렘상 수상 스피치가 생각납니다. 즉, 일개 개인이 경영하는 찻집같은 것이 가장 망하기 쉬운 계란 같다고 비유한 것입니다. 베르크가 희망을 품고 부화하려고 하는 모습은 지켜보는 사람들의 가슴을 밝게 비춰줍니다.

계란이라는 말이 나와서 그런데, 베르크에서 사용하는 계란은 고바야시(小林) 양계농장의 자연란입니다. 그 농장의 닭들은 농장에서 손수 만든 천연사료를 먹고 맛있는 계란을 낳는다고 합니다.

"발품을 팔아서 돌아다녀야 비로소 보이는 것이 있지요?"라고 하는 점장인 이노 토모야(井野朋也)씨의 이 말은 탁상공론이 아니라 현장에서 뛰면서 손님들과 함께 베르크를 키워 온 그만의 설득력입니다. 아버지가 1970년에 시작한 물려준 찻집의 경영이 이노씨에게 맡겨진 것은 90년으로 그의 나이 서른 살 때였습니다. 이노씨의 강력한 파트너인 부지점장인 사코카와 나오코(迫川尙子)씨는 신주쿠의 정취를 포착해 보여주는 카메라맨으로서도 활약하고 있습니다.

일본의 세계적인 사진가인 모리야마 다이도(森山大道)는 베르크를 '신주쿠의 버지니아 울프'라고 평가합니다. 거리의 매력은 무엇인가, 작은 찻집이 할 수 있는 것은 무엇인가를 계속 고민하는 베르크의 존재는 작은 찻집의 정신적인 지주입니다.

4 매혹의 한 접시, 찻집의 명물 메뉴

172
도쿄 찻집　東京の喫茶店

메구로　目黑

두
(ドゥー)

ADD 도쿄도 시나가와구 카미오사키(東京都品川区上大崎) 2-15-14
TEL 03-3444-6609
OPEN 09:00~22:00
연중무휴

➥ JR 메구로(目黑)역 동쪽 출구에서 도보 2분

menu
두 브랜드 450엔
각종 스트레이트 커피 480엔~
카페오레 500엔
치즈케이크 350엔
크로크무슈 450엔
미니 그라탕 450엔

프랑스의 전통적인 카페의 전형, 크로크무슈는 두의 인기 메뉴입니다. 선대 가게 주인이 파리에 있을 때 이 레시피를 배웠다고 합니다. 단순한 요리지만 두의 크로크무슈는 신기할 정도로 부드럽고 입에 착 달라붙는 명품입니다. 빵 끝에서 스르르 녹아나오는 치즈도 사랑스럽습니다.

크로크는 프랑스어로 먹을 때 바삭하고 나는 소리고 무슈는 신사 또는 아저씨의 뜻으로 직역하면 바삭 신사이지만, 두의 크로크무슈는 촉촉한 신사와도 같은 느낌을 줍니다. "비결은 좋은 재료를 사용하는 것! 버터를 듬뿍 바르고 네덜란드에서 직수입한 고다치즈와 햄을 끼웁니다. 커피와도 잘 맞지요."라고 하는 2대째 주인 사가(嵯峨)씨입니다.

1972년 개점 직후에 잡지 (1)앙앙에 게재된 두의 사진을 보면 현대의 카페와 흡사한 도회적이고 세련된 구조에 놀라게 됩니다. 지금도 내부 인테리어는 그 때와 똑같고 흰 벽만 심한 니코틴 색으로 변색되었습니다. 96년부터 가게 주인이 된 사가씨는 학창시절에 두에서 아르바이트를 했었고, 다정한 성격으로 오랫동안 단골인 손님과 새로운 손님들 모두로부터 사랑받고 있습니다.

예전에 이 포근한 공간을 사랑한 젊은이들은 주머니 사정이 별로 여의치 않았던 밤에는 건물 앞의 골목에 서서 2층에 켜진 두의 창가 불을 쳐다보며 담배를 한 대 피우고 돌아갔다고 합니다.

(1) **앙앙**(an · an) : 매주 수요일 발행하는 일본 여성 패션 잡지

오우메 青梅

44 나츠에노 토비라
(夏への扉)

ADD 도쿄도 오우메시 스미에쵸(東京都青梅市住江町) 16
TEL 0428-24-4721
OPEN 10:00~18:00
화요일 휴무
➥ JR 오우메(青梅)역에서 도보 5분

menu
커피 400엔
차이 500엔
각종 맥주 600엔
홈메이드 케이크 350엔
야채 카레(샐러드 포함) 850엔
구운 샌드위치 550엔

도쿄 찻집 東京の喫茶店

향신료가 잘 배합된 야채 카레는 유기농 재배를 한 양파를 이틀간 푹 삶아서 진한 감칠맛과 단맛의 베이스를 만들고, 손님한테서 주문을 받을 때마다 계절 야채를 넣습니다. 이 한 접시를 잊을 수 없는 맛으로 만들어 주는 것은 맛있는 현미밥에 있습니다. 통통하고 쫄깃쫄깃한 식감과 넉넉한 풍미는 농약을 쓰지 않는 오리 농법과 햇빛으로 말린 현미 덕분으로 아키타현의 오노(小野) 자연농원에서 직접 구입하고 있습니다. 하지만 굳이 그런 점을 앞으로 내세우지 않는 것은 원래부터 유기농 레스토랑을 경영했던 야마다(山田) 부부의 겸손한 자세가 배어있습니다.

식재료 구입이나 조리의 엄격한 룰을 완벽하게 지키기 위해 답답해지기보다는 느긋하게 즐기면서 맛있는 것을 제공하고 싶다고 생각한 두 사람이 로버트 하인라인의 SF소설을 가게 이름으로 해서 찻집을 연 것은 1989년의 일이었습니다.

간판이나 가게 내에 장식품으로 많이 있는 고양이의 모티브는 '여름으로 가는 문'에 등장하는 주인공이 사랑하는 고양이 피트입니다. 예전에 이비인후과 병원으로 사용했던 건물로 가끔 나이 많은 손님이 "어렸을 때 여기 있었던 의사 선생님한테 신세를 졌다."며 옛날을 떠올리는 경우도 있다고 합니다. 창가의 모습이나 삐걱거리는 나무 바닥에서 쇼와 초기의 모습이 연상됩니다. 편안한 창가 벤치에 앉아 흔들리는 나무 사이로 나타났다 사라지는 전차를 바라보고 있으면 피트와 함께 시간 여행을 하고 있는 것 같은 기분이 듭니다.

도쿄 찻집 東京の喫茶店

기치죠지　吉祥寺

45 쿠구츠소우
(くぐつ草)

ADD 도쿄도 무사시노시 기치죠지 혼쵸(東京都武蔵野市吉祥寺本町) 1-7-7 시마다(島田)빌딩 B1F
TEL 0422-21-8473
OPEN 10:00~22:00
연중무휴

➡ JR 기치죠지(吉祥寺)역 북쪽 출구에서 도보 4분

menu
각종 브랜드 커피 2종 670엔
각종 스트레이트 커피 900엔~
금계꽃 술 880엔
케이크 세트 1100엔
쿠구츠소우 빵푸딩 600엔
쿠구츠소우 카레 1150엔

옛날과 오늘날의 카레 문화가 꽃피는 중앙선 주변의 기치죠지는 특히 찻집의 카레가 맛있는 동네로, 1979년부터 가게를 꾸민 쿠구츠소우도 그런 가게 중의 하나로 많이 알려져 있습니다.

진한 향이 나는 유럽풍 카레와 코리엔더를 비롯한 자극적인 향신료의 냄새가 만나 동시에 부드러운 단맛이 나는데 이는 20kg이나 되는 양파를 반나절 정도 볶아서 삶기 때문입니다. "양파가 조청색이 될 때까지 볶습니다."라는 요령을 여기저기서 많이 듣는데 쿠구츠소우에서는 조청색을 넘어 (1)핫쵸미소와 같은 색이 될 때까지 끈기 있게 오랫동안 볶습니다. 모양도 아름다운 이 카레는 프렌치 로스트의 올드 빈즈를 넬 드립한 커피의 쓴맛과 썩 잘 어울립니다.

건축가 쿠지라이 이사무(鯨井勇)씨가 관여한 어둑어둑한 가게 안은 입구의 묵직한 문, 계단이나 천정의 곡선, 특별 주문한 독특한 모양의 의자들로 마치 미야자키 하야오(宮崎駿)의 영화세계로 들어간 것 같은 분위기를 연출하고 있습니다.

길쭉한 공간 안쪽에는 조그마한 정원이 있고, 희미한 빛이 식물들을 비추고 있는 등, 마치 구식 우주선이 동굴에 연착륙해서 그대로 집이 된 것만 같은, 아니면 피노키오 동화 속의 한 장면처럼 그대로 고래한테 삼켜져 고래 몸속에 있는 것 같은 착각을 느낄 수 있습니다. 벽에 켜진 낡은 선박용 램프가 그 느낌을 한층 더 느끼게 해주고 있습니다.

---

(1) 핫쵸미소(八丁味噌) : 아이치현(愛知県)의 오카자키(岡崎) 지방에서 나는 검붉고 짠 된장

도쿄 찻집 東京の喫茶店

기치죠지 吉祥寺

46 사보 무사시노 분코
(茶房 武蔵野文庫)

ADD 도쿄도 무사시노시 기치죠지 혼쵸(東京都武蔵野市吉祥寺本町) 2-13-4
TEL 0422-22-9107
OPEN 09:30~22:00
월요일 휴무
➥ JR, 기치죠지(吉祥寺)역 북쪽 출구에서 도보 5분

menu
각종 커피 550엔~
오렌지 티 600엔
맥주 600엔
레몬 케이크 400엔
사보 샌드(미니 샐러드 포함) 700엔
카레라이스 900엔

찻집에서 파는 카레들 중의 스타급의 카레를 맛볼 수 있는 곳으로 음식 재료들과 향신료 맛이 응축되어 있고, 큼지막하게 썰은 감자의 존재감과 스푼 끝으로 흐물흐물 풀어지는 닭고기 그리고 카레가 거무스레한 것은 밀가루를 오랫동안 정성들여 볶았다는 증거겠지요. 가게 주인인 쿠사카 시게루(日下茂)씨가 특히 신경을 많이 쓰는 점은 식재료인데 이를 매일 일일이 직접 살펴봅니다. "감자는 루를 걸쭉하게 만들어주니까 살짝 뭉그러질 정도면 좋지만, 모양은 큼직하고 먹음직스러운 것이 좋습니다. 그런 역할에 최적인 품종을 계절마다 고릅니다." 품종에 따라 익는 정도가 다르므로 그것을 조정해서 똑같은 맛을 내는 것이 어렵다고 합니다.

개점은 1985년로 천정 가까이에 설치된 흑갈색 책장에는 낡은 서적들이 꽂혀있고 벽에는 이부세 마쓰지(井伏鱒二)가 직접 쓴 글씨가 장식되어 있습니다. 이것들은 과거에 와세다 대학 앞에 있었던 찻집 '사보 와세다분코(茶房 早稲田文庫)'에서 물려받은 것입니다. 그곳은 매일같이 학생이나 문학자들이 모여 도서실이나 동아리방 대신으로 활용되었습니다. 당시 와세다분코에서 일했던 쿠사카(日下)씨는 건물이 노후화되어 폐점되어 귀중한 장서와 미술품과 함께 '마음 편한 장소를 제공하자'라는 정신을 이어받아 무사시노분코(武蔵野文庫)를 개점하였습니다. 이곳의 카레나 레몬 케이크의 레시피는 와세다분코의 점주에게 배운 것이라고 합니다. 두 세대에 걸쳐 오랫동안 사랑받아온 맛입니다.

4 매혹의 한 접시, 찻집의 명물 메뉴

쿠니다치 国立

47 로지나 사보
(ロージナ茶房)

ADD 도쿄도 쿠니다치시 나카(東京都国立市中) 1-9-42
TEL 042-575-4074
OPEN 09:00~23:00 (라스트 오더 22:30)
1월 1, 2일 휴무
➜ JR 쿠니다치(国立)역 남쪽 출구에서 도보 3분

menu
각종 커피 **470엔~**
각종 맥주 **480엔~**
각종 케이크 **470엔~**
각종 파스타 **900엔~**
각종 홈메이드 피자 **950엔~**
각종 카레 **900엔~**

이 곳의 명물인 자이 카레는 토마토 베이스의 비프 카레에 삶은 계란을 더한 것으로 여자 혼자 먹기엔 조금 많을 수 있는 2인분 정도의 양이 나옵니다. 이 자이 카레는 학생들이 신입생 환영회의 벌칙 게임용이던 것으로, 매운맛과 양을 추가해서 만든 아주 매운 곱빼기인 '자이(罪:벌칙)'가 변형된 것이라고 합니다. 매운맛은 시대의 입맛에 따라 변화되어 현재는 많이 부드러워졌습니다.

자이 카레가 '죄와 벌'이 연상되는 이유는 로지나가 러시아어로 '대지'를 의미하기 때문입니다. 러시아문학이 청년들의 마음을 사로잡았던 그 시절 1954년에 가게를 시작한 것은 화가·문필가였던 이토(伊藤)씨였습니다. "아버지는 독자적인 세계관을 가지고 있었습니다."라고 이토씨가 세상을 떠난 후에 2대째 가게 주인이 된 아들은 회상합니다.

멋쟁이였던 선대는 일찍부터 해외여행을 좋아하여, 유럽과 미국의 개방적인 카페 스타일을 도입해서 로지나 사보의 공간을 연출하였습니다. 또 풍부한 요리를 즐길 수 있는 스타일도 당시의 찻집으로서는 흔치 않은 것이었습니다.

야마구치 히토미(山口瞳)나 작가나 출판인들에게 사랑받아온 공간에는 아버지와 아들 2대에 걸친 단골손님도 많고, 선대는 늘 1층 안쪽의 자리에 앉아 그들에게 인사했다고 합니다. "가게 내에는 아직 아버지의 체취가 짙게 배어있습니다. 이 분위기를 깨트리지 않도록 계속 이어가고 싶습니다."

고엔지 高円寺

48 나나츠 모리
(七つ森)

ADD 도쿄도 스기나미구 고엔지미나미(東京都杉並区高円寺南) 2-20-20
TEL 03-3318-1393
OPEN 10:30~24:00
연중무휴

➜ JR 고엔지(高円寺)역 남쪽 출구에서 도보 7분
➜ 지하철 신고엔지(新高円寺)역 2번 출구에서 도보 3분

menu
각종 커피 **485엔~**
각종 홍차 **485엔~**
바나나 주스 **645엔**
각종 홈메이드 케이크 **455엔**
각종 카레(스프, 샐러드 포함) **1085엔**
오무고항(스프, 샐러드 포함) **1085엔**

⑴오무고항(オムごはん)은 나나츠 모리(七つ森)에 20년간 근무해 온 직원이 고안한 일본식 오므라이스입니다. 계란 아래에는 치킨라이스가 아니라 독창적인 비빔밥인데 이는 쇠고기, 우엉, 죽순, 팽이버섯을 간장과 설탕으로 매콤달콤하게 끓여서 흰 쌀밥에 잘 섞습니다. 이것이 신기하게도 옛날의 향수를 자극하는 맛을 냅니다. 그리고 몽글몽글하게 구운 카나리아색 계란까지 정말이지 퍼펙트한 하나의 작품과도 같은 오므라이스입니다! 밥만 한 수저 가득 떠서 먹을 수도 있고 흐물흐물한 계란과 밥을 같이 입에 넣어서 맛의 변화를 즐겨보는 것도 추천합니다.

1978년 개점 이래, 나나츠 모리는 고엔지의 작은 명소로서 사랑받아왔습니다. 점포는 낡은 ⑵나가야(長屋) 중의 한 칸을 수리한 것인데 양쪽에 있던 꽃집과 서점은 사라지고, 나나츠 모리만이 날개를 잃은 천사처럼 홀로 우두커니 서있습니다.

가게명은 미야자와 겐지의 작품에 등장하는 지명에서 따온 것으로 가게 주인인 마츠자와(松沢)씨는 쇼와 30년대의 분위기로 오래된 램프나 포도주색의 와인 의자를 모아 고풍스러운 공간을 만들어냈습니다. 한 잔의 커피를 마시면서 독서에 몰두할 수 있는 편안한 분위기와 천장에는 ⑶애자에 전선이 쳐져있어서 미야자와 겐지가 전신주와 그 애자에서 찾아낸 시의 정취가 생각납니다.

⑴ **오무고항(オムごはん)** : 일본어 오므라이스와 밥을 뜻하는 고항을 합쳐서 생긴 단어
⑵ **나가야(長屋)** : 칸을 막아서 여러 가구가 살 수 있도록 길게 만든 집
⑶ **애자** : 전선로나 전기 기기의 전기가 흐르는 것을 절연하는 동시에 안전하게 전기를 공급할 수 있도록 하는 기구

도쿄 찻집 東京の喫茶店

가이엔마에 外苑前

카페 카사
(Cafe 香咲)

ADD 도쿄도 시부야구 징구마에(東京都渋谷区神宮前) 3-41-1
TEL 03-3478-4281
OPEN 11:30~20:30 (라스트 오더 20:00) / 토, 일, 공휴일 11:30~18:00 (라스트 오더 17:30)
월요일 휴무(공휴일인 경우는 영업)
➥ 지하철 가이엔마에(外苑前)역 3번 출구에서 도보 7분

menu
각종 브랜드 커피 660엔
각종 홍차 660엔~
핫케이크 750엔
스콘 550엔
각종 케이크 550엔~

소박하면서 두툼한 핫케이크에 나이프를 넣자 표면에서 '사각'하는 소리를 내며 부드럽게 들어갑니다. 버터의 짭짤한 맛, 시럽의 단맛, 부드러운 휘핑크림의 깊은 맛이 한데 어울러집니다. 주문을 받고나서 굽기 때문에 시간은 꽤 걸리지만 금방 구워냈을 때의 맛은 정말 특별합니다. 핫케이크 가루의 배합은 수없이 많은 시행착오를 겪은 끝에 나온 완벽한 레시피입니다.

가게 주인인 이와네 시즈코(岩根志津子)씨가 카사를 오픈한 것은 1984년의 일로 현재는 구운 과자의 소박한 맛으로 유명하지만 처음에는 넬 드립식 커피전문점으로 출발했습니다. 음료수에 쿠키를 구워서 곁들인 것이 손님들의 반응이 좋아 원래 좋아했던 케이크 만들기에도 힘을 쏟게 되었습니다.

프렌치 로스트 올드 빈즈를 사용한 커피의 상큼한 쓴맛과 디저트의 달콤함이 한데 어울려져 양쪽 모두를 즐기게 해주는 것이 카사의 매력입니다. 카사의 특등석은 카운터인데 왜냐하면 가끔 오븐에서 달콤한 향이 피어올라 코끝부터 행복감이 밀려 들어오기 때문입니다.

4 매혹의 한 접시, 찻집의 명물 메뉴

닝교쵸 人形町

※ 폐점했습니다.

50 카페테라스 와코
(カフェテラスワコー)

ADD 도쿄도 추오구 니혼바시 닝교쵸(東京都中央区日本橋人形町) 2-6-4
➥ 지하철 닝교쵸(人形町)역 A3 출구에서 도보 30초

menu
각종 커피 380엔~
각종 홍차 380엔~
각종 핫케이크 450엔~
각종 미츠마메 550엔~
각종 토스트 350엔~
각종 스파게티 550엔~

동판과 전용 링을 사용해서 구워내는 핫케이크는 얼룩 하나 없는 황금색으로, 주문을 받으면 그릇에 계란을 푸는 것부터 시작해 하나부터 열까지 정성을 들이는 작업이 시작됩니다.

"핫케이크 만들기는 아들이 제일 잘 한다."는 가게 주인 와키(和氣)씨는 경영하던 식료품점을 1970년대에 찻집으로 바꾸고, 가족끼리 꾸려가고 있습니다.

정장 차림의 비즈니스맨부터 평상복 차림의 남녀노소까지 제각각 느긋하게 쉬는 모습을 볼 수 있는 것은 이 가게가 가진 따뜻한 분위기 때문일 것입니다. 쇼윈도에 샘플이 진열되어 있는 빨간 타일로 붙인 외관은 70년대의 정통 찻집 그대로의 모습을 간직하고 있습니다.

도쿄 찻집 東京の喫茶店

에비스 恵比寿

51 빙야 커피점 에비스점
(備屋珈琲店 恵比寿店)

ADD 도쿄도 시부야구 에비스(東京都渋谷区恵比寿) 4-4-11
TEL 03-5488-1651
OPEN 11:00~21:00 / 일, 공휴일 11:00~21:00
1월 1일 휴무
➜ JR 에비스(恵比寿)역 동쪽 출구에서 도보 3분

menu
빙야류(備屋流) 커피 **750엔**
말차오레 **750엔**
쉬폰 케이크 세트 **1100엔**
각종 일본풍 디저트 **750엔~**
각종 시튜(빵 or 밥 포함) **2100엔~**

자신 있는 요리는 쇠고기 볼살로 만든 비프 스튜인데 하룻밤 동안 와인에 재운 볼살을 푹 삶아서 짙은 데미그라스 소스 속에 큼직한 야채와 함께 끓여낸 요리입니다. 이것은 노릇노릇하게 구워진 빵과도 잘 어우러져 맛있습니다.

커피는 오무로산(大室山)의 산록에서 직접 로스팅되는 신선한 콩을 직원이 한 잔씩 갈아서 드립하고 있습니다.

카운터에 매달린 유럽의 유명한 가마에서 구운 예쁜 커피 컵이나 다크 브라운으로 통일한 클래식한 내부 인테리어는 에비스 근처에서는 보기 힘든 차분한 모습으로 유리 케이스 속의 앤티크 컵 컬렉션에 기품이 느껴집니다.

도쿄 찻집 東京の喫茶店

히가시 긴자 東銀座

52 켄즈 커피점
(Ken's 珈琲店)

ADD 도쿄도 츄오구 긴자(東京都中央区銀座) 3-12-19 긴자라쿠신(楽心)빌딩 2F
TEL 03-3248-5285
OPEN 10:00~22:00 / 일, 공휴일 11:00~21:00
월요일 휴무

➜ 지하철 히가시긴자(東銀座)역 A7 출구에서 도보 3분

menu
각종 브랜드 커피 800엔~
각종 스트레이트 커피 850엔~
글라스 와인 780엔~
케이크 세트 1080엔~
허니 토스트 세트 1230엔~

아이스크림과 휘핑크림을 곁들인 허니 토스트는 두껍게 썬 뺑드미(pain de mie)의 몽글몽글하게 구워진 표면 위에 꿀벌이 황궁 주변의 꽃에서 모아오는 귀한 긴자산(銀座産)의 금색 꿀이 발라져 있습니다. 넬 드립한 깔끔한 커피와 함께 먹어보세요.

켄즈는 커피 애호가인 가게 주인이 2007년에 연 찻집으로 런치 세트의 아이스 커피도 미리 만들어 두지 않고 한 잔씩 드립해서 얼음 위에 붓는 정성스런 모습과 여직원의 세심한 배려가 손님에게 자연스럽게 느껴집니다.

시부야 渋谷

※ 폐점했습니다.

53 커피전문점 론
(珈琲専門店 論)

ADD 도쿄도 시부야구 도겐자카(東京都渋谷区道玄坂) 1-10-7 고토육영회(五島育英会)빌딩 B1F
➡ JR 시부야(渋谷)역 서쪽 출구에서 도보 5분

menu
각종 커피 400엔~
론(論) 카페 480엔
과일 셰이크 600엔~
나폴리탄 650엔(커피 포함 800엔)
각종 샌드위치 600엔(커피 포함 750엔)

찻집에서 독자적인 진화를 이룬 나폴리탄 스파게티는 이미 *(1)*알덴테와는 거리가 먼 부드러운 우동 같은 식감과 케찹맛으로 현지 나폴리 사람들에게도 한 번 소개하고 싶을 정도입니다. 론(論)의 메뉴에 적힌 '스파게티 이탈리안'은 어딘지 모르게 '일본풍 스시'와 닮은 느낌입니다. 40년의 역사를 가진 론(論)의 나폴리탄은 시부야 비즈니스맨의 열렬한 사랑에 힘입어 런치타임이 되면 널찍한 가게 안은 성황을 이룹니다. 진한 케찹에 볶은 양파와 피망, 비엔나와 완두콩이 잘 어우러진 맛이 일품입니다.

---

(1) **알덴테** : 이탈리아어로 파스타 등을 씹는 맛이 나고 조금 단단하게 요리한 정도

4 매혹의 한 접시, 찻집의 명물 메뉴

도쿄
東京

54

※ 폐점했습니다.

원자
(ウィンザー)

ADD 도쿄도 츄오구 야에스(東京都中央区八重洲) 1-5-10
↪ JR 도쿄(東京)역 야에스 북쪽 출구에서 도보 3분

menu
각종 커피 500엔~
각종 생과일 주스 550엔~
맥주 500엔
각종 케이크 300엔~
샌드위치 520엔
모닝 세트 650엔

모닝 서비스를 제공해주는 찻집은 계속 줄어가고 있지만 원자는 도쿄역 바로 옆이라는 위치 때문에 푸짐한 모닝 세트로 인기를 끌고 있습니다. 샌드위치도 도쿄역만큼이나 매력적인 모습으로 햄이랑 치즈, 계란, 오이 등을 끼운 요리사의 섬세한 손길이 느껴지는 수제품입니다. 자그마한 그릇에 과일과 미트볼이 잘 나가던 시절의 추억을 느끼게 해주네요.
도쿄 올림픽이 열렸던 해에 외국과자 가게로 개점한 원자는 세련된 빨간 의자가 늘어선 가게 안은 당시 모습 그대로였다고 합니다.

4 매혹의 한 접시, 찻집의 명물 메뉴

제 5장
간다 진보쵸 · 헌책방 거리의 찻집

도쿄 찻집 東京の喫茶店

진보쵸 神保町

55 사보우루
(さぼうる)

ADD 도쿄도 치요다구 간다진보쵸(東京都千代田区神田神保町) 1-11
TEL 03-3291-8404
OPEN 09:00~23:00
일요일 휴무(공휴일은 부정기 휴무)
➡ 지하철 진보쵸(神保町)역 A7 출구에서 도보 30초

menu
커피 400엔
각종 생과일 주스 500엔
생맥주 580엔~
바닐라 아이스크림 500엔
사보우루 믹스토스트 450엔
각종 샌드위치 600엔~

찻집의 중심이 되는 곳, 진보쵸(神保町).

세계에서 가장 많은 오래된 서점들과 역사 깊은 찻집이 밀집한 이 거리는 한 번 방문하면 마음이 맑아지는 것 같아 일부러 찾아오는 사람들 덕분에 찻집의 수명도 연장되는 상부상조하는 곳입니다. 그 중에서도 전국에서 찾아오는 사람들의 발걸음이 끊이지 않는 가장 유명한 찻집이 바로 사보우루입니다.

1955년 개점 기념으로 심어서 이제는 지붕 위에까지 가지가 뻗어있는 히말라야 삼나무는 신목(神木)에 해당되며, ⑴고마이누(狛犬) 대신으로 사보우루를 지키고 있는 것은 문 옆에 서있는 토템 폴(totem pole)입니다. 제단(祭壇)은 가게 안의 좌측에 있는 난로이며, 그 위에 진열된 전국 각지의 인형이나 악기는 사보우루를 사랑하는 사람들이 가지고 온 다양한 선물이 있습니다. 손님들이 벽돌로 된 벽에 낙서로 메운 것은 신사에 ⑵센쟈후다(千社札)를 붙이는 심리와 통하는 것일지도 모르겠네요. 그 안에는 유명인사의 사인도 슬쩍 섞여 있습니다.

【 ※ 사보우루의 가게 모습을 보고 신사에 비유한 것 】

1층, 1.5층, 반지하로 된 복잡하고 다양한 공간은 작가나 영화인들의 영감을 자극하여 가게 안은 그들의 작업 장소로 유명할 뿐만 아니라 크고 작은 촬영이 있어 왔습니다. 예를 들면 영화 '도쿄 비요리(東京日和)'에도 사보우루의 모습을 볼 수 있습니다.

가게 이름은 업무나 수업을 '사보루(땡땡이치다)'에서 유래되었다고 하는 설이 있지만 실은 스페인어 '맛'에서 유래되었다고 합니다. 땡땡이치러 온 사람도, 부지런한 사람도 편하게 어우러지며 어느새 사보우루는 멋진 이중적인 의미를 가지게 되었습니다.

그런 사보우루의 대표적인 맛으로 잘 알려진 것은 버터 피너츠를 곁들인 아침 11시까지 하는 모닝 커피와 양이 넉넉한 믹스토스트입니다. 개인적으로는 딸기나 바나나 등 과일과 얼음으로 만드는 신선한 생과일 주스도 꼭 추천하고 싶습니다.

가게 주인인 스즈키 후미오(鈴木文雄)씨는 "요즘 매년 1센티씩 키가 줄어가는 나이가 되었지만 추억과 함께 가게를 이어가고 있습니다."라고 웃으면서 말합니다.

"저에게는 아이가 없으니까 가게가 아이 같은 존재지요." 청년 시절에는 교바시의 레스토랑에서 서비스를 담당했던 스즈키씨가 "찻집을 시작하니 도와줬으면 좋겠어."라고 친구였던 미우라 마모루(三浦守)씨에게 부탁을 받아 그저 몇 개월만 도와줄 생각으로 사보우루의 설립을 도운 것이 진보쵸 생활의 시작이었습니다. 가게의 1.5층에 있는 액자에 들어있는 다양한 디자인의 성냥 라벨은 놀랍게도 초창기에 미우라씨가 하루에 몇 개씩 직접 그린 것이라고 합니다.

"당시에 이 성냥을 취미로 수집하고 있던 단골손님이 있었는데, 그게 몇 십년이나 지난 후에 헌책 시장에서 팔러 나온 것을 또 다른 사람이 발견해서 구입한 후 보내준거야."

신기한 것은 미우라씨는 처음 4년간만 운영하다가 은퇴하고 스즈키씨는 그 후 50년 이상에 걸쳐 사보우루의 얼굴이 되고, 더 나아가서는 진보쵸를 대표하는 얼굴로서 사랑받게 되었습니다. 77세를 넘긴 현재에도 예리한 눈빛은 여전해서 취재 중에도 난로를 등지고 입구 쪽으로 눈을 떼지 않고 있다가 계속 들어오는 손님에게 인사를 하기도 하고 직원에게 지시를 내리기도 하는 모습은 감탄할 정도였습니다.

"찻집에는 꿈이 있습니다. 몇 백 엔으로 살 수 있는 꿈입니다. 꼭 진보쵸의 찻집을 들려주세요."

---

(1) **고마이누(狛犬)** : 신사나 절 앞에 돌로 사자 비슷하게 조각하여 마주 놓은 한 쌍의 상(像)

(2) **센쟈후다(千社札)** : 센쟈마이리(신사 천 곳을 돌며 참배하고 기도하는 일)를 하는 사람이 가져다가 참배 기념으로 각 신사의 사전(社殿)에 붙이는 종이

도쿄 찻집 東京の喫茶店

진보쵸 神保町

56 미롱가 누오바
(ミロンガ ヌオーバ)

ADD 도쿄도 치요다구 간다진보쵸(東京都千代田区神田神保町) 1-3
TEL 03-3295-1716
OPEN 10:30~22:30 / 토, 일, 공휴일 11:30~19:00
연중무휴
➡ 지하철 진보쵸(神保町)역 A7번 출구에서 도보 3분

menu
각종 커피 600엔~
코코아 700엔
각종 세계의 맥주 600엔~
오늘의 케이크 400엔
멕시칸 잔바라야 850엔
피자 미롱가 800엔

꽃보다 탱고.

열정적인 정열파가 많았던 탓인지 1950~60년대에는 섹시한 탱고 리듬이 사람들의 마음을 자극하여 그 당시 유행하던 음악 다방에도 직접적으로 그 영향이 나타났습니다.

탱고 찻집 미롱가는 1953년에 탄생했는데 그 가게로 통하는 골목길은 비가 오는 날이면 우산을 쓰고 겨우 비껴가야 할 정도입니다. 하지만 낡고 오래된 벽돌 외벽은 비가 오면 한층 더 정취를 더해 미롱가와 똑같은 벽돌 건물인 라도리오(LADRIO)와 마주보는 정경은 탱고의 명곡 '미롱가가 흐느껴 울 때'가 귓가에 들려오는 듯 합니다.

문을 열면 예상외의 넓은 공간이 펼쳐집니다. 알텍(ALTCE)사 제품의 스피커에서 흘러나오는 탱고의 음색은 유리 케이스에 수납된 연식이 느껴지는 반도네온(탱고에 사용하는 아코디언 비슷한 악기)같고 유명 연주자의 흑백사진이 풍기는 분위기는 마치 한밤중의 탱고 박물관 같습니다. 500장 이상의 LP 레코드와 세계 각국의 맥주가 진열되어 있는 선반이 상징인 찻집입니다. 95년에 있었던 경영자 교체를 계기로 가게 이름에 "새로운"을 뜻하는 누오바를 덧붙이고, 수십 종류에 이르는 각국 맥주와 숯불로 로스팅하는 커피를 도입했습니다.

수십 년간 이용해 온 단골손님이나 탱고 연구회 사람들이 모이기도 하고, 이 차분한 공간을 좋아해서 헌책과 맥주를 좋아하는 젊은 사람들이 오기도 하고 런치 타임을 보내는 비즈니스맨도 있어서 미롱가는 오로지 옛 추억만 그리워하는 사람들 만이 찾는 찻집이 아니라는 것을 엿볼 수 있습니다. 첼로 연주자인 요요 마(중국계 미국인으로 세계적인 첼로리스트)가 피아졸라의 탱고를 살린 것처럼 탱고 찻집도 얼마든지 현대에 다시 살아나겠지요.

도쿄 찻집　東京の喫茶店

진보쵸
神保町

57 라도리오
(ラドリオ)

ADD 도쿄도 치요다구 간다진보쵸(東京都千代田区神田神保町) 1-3
TEL 03-3295-4788
OPEN 11:30~22:30 (라스트 오더 22:00) / 토 12:00~21:00 (라스트 오더 20:30)
일, 공휴일 휴무
➡ 지하철 진보쵸(神保町)역 A7 출구에서 도보 3분

menu
비엔나 커피 **480엔**
각종 홍차 **580엔**
각종 맥주 **400엔**~(바 타임은 기본안주 포함, 380엔~)
각종 스위트 세트 **670엔**
파스타 세트 **950엔**

비엔나 커피는 뜨거운 커피에 차가운 생크림을 띄운 것인데 윗입술로 크림의 차가움을, 혀로 커피의 따뜻함을 동시에 느낄 수 있는 것이 비엔나 커피의 재미지요. 그래서 스푼을 사용하지 않고 일부러 코끝을 하얗게 묻혀가며 먹고 싶습니다. 1949년에 개점한 라도리오는 일본에서 처음으로 비엔나 커피를 내놓은 찻집으로 알려져 있습니다. 예전에는 같은 골목길에 작은 문예출판사가 한데 모여 있어서 미롱가와 나란

히 문학자들에게 사랑받은 곳이기도 했습니다.

가게 이름은 스페인어로 '벽돌'이라는 뜻으로 당시에 유행했던 (1)하프팀버 양식을 채용하여 나무와 벽돌을 조합한 중후한 구성은 후에 사보우루 등 다른 찻집의 좋은 본보기가 되었다고 합니다.

2000년에 이 건물을 소중히 보존하기 위해 초대 마담, 우스이 아이코(臼井愛子)씨가 80세에 은퇴를 계기로 기울어져 있던 건물을 (2)잭(jack)으로 들어 올려 원래대로 되돌려놓는 개량 보수공사가 행해졌습니다. 그 때 바닥의 벽돌도 한층 더 쌓아올려져 지금 우리들은 라도리오를 사랑했던 니시와키 준자브로(西脇順三郎), 요시오카 미노루(吉岡実) 같은 시인들이 걸었던 바닥보다도 10센티 정도 위를 걷게 되었습니다.

---

(1) **하프팀버(half timber)** : 기둥·보 등 뼈대를 나무로 구성하고, 그 사이사이에 돌·벽돌·흙으로 채워 메우는 건축 양식

(2) **잭(jack)** : 자동차 타이어를 갈 때처럼 무거운 것을 들어올릴 때 쓰는 기구

도쿄 찻집 東京の喫茶店

진보쵸 神保町

58 하쿠스이도
(柏水堂)

※ 폐점했습니다.

ADD 도쿄도 치요다구 간다진보쵸(東京都千代田区神田神保町) 1-10
↳ 지하철 진보쵸(神保町)역 A5 출구에서 도보 30초
※ 전석 금연

menu
커피 **400엔**
각종 홍차 **400엔**
카푸치노 밀크티 **450엔**
반호텐 코코아 **500엔**
마롱글라세 **230엔**
각종 케이크

주변 이웃부터 황실 사람들, 오즈 야스지로(小津安二郎)나 무코다 구니코(向田邦子)같은 유명한 인사들에게도 사랑받아온 시니세 양과자점인 하쿠스이도는 안쪽에 꿈속에 나올법한 색깔의 스테인드글라스를 보면서 여유로운 분위기에 클래시컬한 제복의 웨이트리스에게 서비스를 받으며 케이크와 커피를 마실 수 있습니다.

공방은 점포의 2층과 3층에 있고 매일 아침 장인들이 손수 만드는 케이크가 1층 쇼케이스에 진열됩니다. 소녀의 마음을 자극하는 푸들 케이크의 귀여운 눈동자가 아주 귀엽습니다. 이곳에 오래된 팬이 많은 것은 옛날 맛을 지켜 온 '세아루잔' 때문인데 맛과 향이 좋은 럼주가 흘러나오는 듯한 사바랭이 예술입니다. 브리오슈 속에서 나오는 고상한 커스터드 크림과 밀감의 조화는 양주 케이크를 잘 못 먹는 사람들도 매료되는 명품입니다.

"그런데 조금만 방심하면 맛이 변해버려요."라고 1964년에 사장을 이어받은 요시다 히로시(吉田浩)씨는 고심을 토로합니다. 1929년 창업 당시, 프랑스 레스토랑이었는데 가게 이름의 '백(柏)'는 창업자인 요시다 킨지로(吉田金次郎)씨의 집안 문장인 세 개의 떡갈나무(柏)에서 오고, '수(水)'는 관동대지진 때 아사쿠사(浅草)에 있었던 요시다(吉田) 집안의 땅에 있었던 우물물이 사람들을 구했다는데서 유래되었다고 합니다. 예전에는 아르 데코식의 아름다운 점포가 진보쵸 사거리에 있었고, 72년부터 토에이선 공사로 인해 현재의 장소로 이전하게 되면서 자랑거리였던 스테인드글라스와 램프는 세심한 주의를 기울여 옮겨졌습니다.

도쿄 찻집 東京の喫茶店

5 간다 진보쵸 · 헌책방 거리의 찻집

진보쵸 神保町

59 카페 토로와바구
(カフェ トロワバグ)

ADD 도쿄도 치요다구 진보쵸(東京都千代田区神保町) 1-12-1 토미다 메가네(富田メガネ) B1F
TEL 03-3294-8597
OPEN 10:00~21:00 / 토, 공휴일 12:00~19:00
일요일 휴무

➥ 지하철 진보쵸(神保町)역 A5번 출구에서 도보 1분

menu
각종 브랜드 커피 550엔~
각종 스트레이트 커피 720엔~
카페 크렘 770엔
밀크 티 플로트 720엔
홈메이드 케이크 세트 900엔~
그라탕 토스트 세트 1100엔

1976년에 개점한 토로와바구는 마츠키 신페이의 초기 디자인과 코크테루당의 에이징 커피를 조합한 멋진 가게입니다. 가게 안 카드에 그려진 3개의 반지는 재미있는 유래를 갖고 있습니다. 손님과 커피와 가게 주인이 연결되는 이미지를 만들어내면서 실은 가게 주인의 성(姓)씨인 '미와(三輪)'를 프랑스어로 해서 토로와(三) + 바구(輪)가 된 것입니다.

중후한 나무 카운터에서 맞이해 주는 사람은 2대째 점장 미와 도쿠코(三輪 德子)씨입니다. 어머니 히로코(弘子)씨가 병으로 쓰러진 후 가게를 물려받았습니다.

"어머니는 20년간 하루도 가게를 쉬지 않았습니다. 병을 알고 나서도 가게에 있는 것이 가장 마음이 편하다고 해서 돌아가시기 직전까지 카운터 일을 계속했습니다."

어릴 때부터 커피향에 익숙해져 왔던 도쿠코씨에 있어서 찻집과 커피는 생활에 없어서는 안 되는 공기 같은 존재로, "가게 그 자체가 어머니의 유품입니다. 지켜갈 수 있는 것이 기쁘네요."라고 말합니다. 오랫동안 계속 방문하는 손님들을 위해서도 맛은 바꿀 수 없다며 매일 넬 드립으로 정성을 쏟고 있습니다. 이곳의 명물은 히로코(弘子)씨가 남긴 레시피에 충실한 그라탱 토스트입니다. 양파를 오랫동안 볶아서 단맛을 우려낸 베샤멜 소스와 햄, 고다치즈를 식빵에 얹어서 부드럽게 구운 것입니다.

221
5 간다 진보쵸 · 헌책방 거리의 찻집

진보쵸 神保町

60 카페 데 프리마베라
(カフェ デ プリマベーラ)

ADD 도쿄도 치요다구 사루가쿠쵸(東京都千代田区猿楽町) 1-3-2 우치다(内田) 빌딩 1F
TEL 03-3295-7569
OPEN 10:00~21:00
토, 일, 공휴일 휴무
↪ 지하철 진보쵸(神保町)역 A5번 출구에서 도보 5분

menu
각종 브랜드 커피 550엔~
각종 스트레이트 커피 850엔~
카페 미모자 750엔
케이크 650엔
프리마무슈 1000엔
볼 스튜(빵 포함) 1200엔

작은 성당을 떠올리는 천장의 아치와 검정색 천연 가죽을 씌운 시트가 어우러져 독특한 분위기를 내면서 회반죽 벽에 나타난 신기한 모양은, 25년의 세월동안 커피를 끓일 때 나는 김이나 담배가 그을려 물들여진 것입니다. 가게 주인인 시모무라(下村) 부부는 "회반죽은 세월이 흐르면 흐를수록 좋은 느낌으로 바래집니다. 앞으로 더욱 좋아질 겁니다."라고 말합니다.

커피를 즐기면서 천장과 함께 입구의 경치도 꼭 봐 주세요. 창문과 문의 에칭 글라스는 영국제 앤티크로 나뭇잎 사이로 비쳐보이는 그 모습이 얼마나 아름다운지 마치 만화경의 내부에 앉아서 밖을 보고 있는 것 같습니다.

봄을 의미하는 프리마베라는 1978년에 사루가쿠쵸(猿楽町) 니쵸메(二丁目)에서 스타트해서 7년 후에 벽의 돋을새김을 가지고 현재의 장소로 이전했습니다. 설계는 마캄보 설계사무소의 이시카와 스미오(石川純夫)씨가 했습니다. 시모무라 부부의 '나무와 회반죽, 천정은 높게, 화장실은 깨끗하게'라는 의견이 완벽하게 실현되어 있습니다. 이전할 때 심은 부용(芙蓉)은 키가 높이 자라 계절이 되풀이될 때마다 동백나무나 산다화(애기 동백), 작살나무 등의 초목이 창가를 우아하게 물들입니다.

코크테루당의 커피콩을 넬 드립하는 커피는 브랜드만도 4종류나 있습니다. 배가 출출할 때 방문해도 야채가 듬뿍 든 '볼 스튜'로 만족스러운 식사를 즐길 수 있을 겁니다.

진보쵸 神保町

61 사보 캰도루
(茶房 きゃんどる)

ADD 도쿄도 치요다구 간다진보쵸(東京都千代田区神田神保町) 1-103 도쿄 파크타워(東京パークタワー) 1F
TEL 03-3291-6303
OPEN 10:00~19:00 (라스트 오더 18:30)
토, 일, 공휴일 휴무
➥ 지하철 진보쵸(神保町)역 A9번 출구에서 도보 1분

menu
각종 브랜드 커피 **600엔**
각종 스트레이트 커피 **600엔**
각종 홍차 **600엔**
녹차(과자 포함) **700엔**
금주의 홈메이드 케이크 **350엔**
버터 토스트 **250엔**

커피 외에 몇 종류의 음료수, 케이크와 토스트 밖에 없는 심플한 메뉴에 손님과의 적당한 거리, 조용한 음악까지 누구나가 원하는 최소한의 요소만으로 구성된 이 작은 찻집은 오래된 무수히 많은 이야기를 간직하고 있습니다.

1933년에 개점한 이래, 많은 작가들에게 사랑받아온 칸도루는 영화평론가이자 재즈 평론가인 우에쿠사 진이치(植草甚一)가 다녀가기도 했습니다. 우리들이 방문할 수 있는 곳은 우뚝 솟은 재개발 빌딩의 구석에 재현된 신점포로 의자 등받이 쪽에는 두 개의 연호가 새겨져 있습니다. '1947'는 전쟁으로 소실된 이후 재출발한 해이고 '2002'는 노후화된 건물에서 신축 건물로 이전한 해를 의미합니다. 구점포를 충실히 재현하며, 벽난로도 그대로 이전했습니다.

공들인 디자인의 가구나 근사한 쇠 촛대, 샹들리에 등은 미술가인 나카가와 타메노부(中川爲延)씨가 초대 칸도루를 위해 디자인한 것입니다. 촛대는 가게의 심벌로 가게 카드에도 그려져 있습니다. 흰 벽에 3장 나란히 장식되어있는 자그마하고 파란 델프트(Delft) 접시는 전쟁으로 인해 불탄 자리에서 건져진 귀중한 물품으로, 초대 점주 다케토미 미치코(武富通子)씨로부터 4대째인 현재까지, 접시는 성화의 촛불 릴레이처럼 이어지고 있습니다.

도쿄 찻집 東京の喫茶店

진보쵸 神保町

62 갸라리 커피점 고세토
(ギャラリー珈琲店 古瀬戸)

ADD 도쿄도 치요다구 간다진보쵸(東京都千代田区神田神保町) 1-7
TEL 03-3294-7941
OPEN 10:30~23:00 / 일, 공휴일 10:30~21:00
연중무휴
➜ 지하철 진보쵸(神保町)역 A7 출구에서 도보 2분

menu
각종 커피 525엔~
말차오레 680엔
각종 맥주 580엔
슈크림 470엔
각종 케이크 470엔~
각종 카레 980엔~

"일본에서 유일한 독창성을 가진 찻집"이라고 언론에서 찬사를 받은 고세토(古瀨戶)는 1980년에 개점한 고세토 커피점으로 시작하였습니다.

식물로 장식된 원기둥이 있고 미소 짓는 천사들과 '부유하는 복숭아'를 테마로 키도 마아코(城戶眞亜子)씨가 그린 도원향이 벽면 가득히 펼쳐집니다. 그리고 안에 카페 테라스를 오픈하였는데, 테라스석이 없는데도 카페 테라스라고 칭하고 있는 것은 유럽의 오래된 거리의 중심에 있는 광장을 이미지화하고 실내를 푸른 하늘 아래로 비유했기 때문입니다. 찻집을 아주 좋아한다는 가게 주인 가토 다카코(加藤高子)씨와 수제품 (1)토우반(陶板)을 소재로 한 공간은 건축과 출신인 남편이 중심이 되어 공간을 만들어냈습니다.

"나는 포스트모던 세대여서 합리적, 기능적인 모던 디자인은 성에 차지 않았어요. 맨 처음에 했던 가게는 실용적이지 않은 구조였어요."라고 하는 가토씨는 벽을 도자기로 장식한다든가 의자 등받이 등에 사용하는 다양한 도자기를 고향인 세토시(瀨戶市)에서 미야노가마(美夜之窯)를 하는 숙부에게 구워달라고 부탁하여, 공예품과 미술이 함께하는 개성적인 공간이 완성되었습니다.

하기와라(萩原) 커피를 숯불로 로스팅한 원두를 사용한 커피나 냉장고에서 더치로 해서 만드는 맑은 아이스티가 자랑거리입니다. 카레를 필두로 현대적인 카페의 에센스를 도입한 식사 메뉴도 종류가 풍부합니다.

---

(1) **토우반(陶板)** : 도안이나 문양을 새긴 감상용 판상(板狀) 도자기

진보쵸 神保町

63 가즈마 커피점 진보쵸점
(壹眞珈琲店 神保町店)

ADD 도쿄도 치요다구 간다진보쵸(東京都千代田区神田神保町) 1-8 야마다(山田) 빌딩 B1F
TEL 03-3292-2961
OPEN 11:00~23:00 / 금 11:00~23:30 / 토 12:00~21:00 / 일, 공휴일 12:00~20:00
연중무휴

➜ 지하철 진보쵸(神保町)역 A5 출구에서 도보 1분

menu
브랜드 커피 **620엔**
각종 스트레이트 커피 **720엔~**
각종 홍차 **620엔~**
맥주 **720엔**
케이크 세트 **1030엔**
이탈리안 로스트 커피 젤리 **620엔**

진보쵸(神保町)의 찻집 이름에는 몇 가지 특징이 있습니다. 하나는 라도리오, 미롱가, 사보우루, 세 가게가 가진 공통점은 가게명이 스페인어라는 것입니다. 모두 50년 이상의 세월을 걸어 온 벽돌 건물로 된 명품 가게입니다.

또 하나의 특징은 가게 이름이 오로지 한자로 되어있어서 한자를 모르면 간단하게는 읽을 수 없는 가게 이름이 많지요. 壹眞(가즈마)라는 한자는 가게 주인의 이름을 빗대어 명명되었습니다. 긴자에도 고급스런 인테리어를 한 세 점포를 운영하고 있지만 맨 처음에 가게를 연 것이 이 진보쵸에서 1982년의 일이었습니다.

"느긋하게 책을 읽는 사람이 많은 거리에서 찻집을 하고 싶어서였습니다."
점주인 이시카와(石川) 부부의 그런 염원을 담아, 지하의 아담한 공간에 진주와 같은 품격과 청결감이 느껴지는 찻집이 탄생했습니다. 흰 셔츠에 조끼차림 직원의 예의바른 모습은 독서를 방해하지 않는 안락한 분위기를 연출해줍니다. 안쪽에 개별실도 준비되어 있습니다.

한 잔씩 페이퍼 드립하는 브랜드는 하기와라 커피의 신선한 커피콩을 사용합니다. 깔끔한 쓴맛이 퍼지는 맛은 인기 케이크, 캐러멜 포와르하고 잘 어울립니다. 지노리 등의 유명 도자기 컵을 갖춰, 개점 당초에 진보쵸에서 가장 비싼 가격으로 설정했다는 것도 이 맛이라면 납득할 수 있습니다.

진보쵸 神保町

64 코히샤 쿠라
(珈琲舎 蔵)

ADD 도쿄도 치요다구 간다진보쵸(東京都千代田区神田神保町) 1-26 야사키(矢崎) 빌딩 2F
TEL 03-3291-3323
OPEN 11:00~20:00 / 토 12:00~17:00
일, 공휴일 휴무

➥ 지하철 진보쵸(神保町)역 A5 출구에서 도보 4분

menu
브랜드 커피 700엔
각종 스트레이트 커피 800엔
데미타스 커피 700엔
코코아 850엔
홈메이드 치즈케이크 300엔
홈메이드 쉬폰 케이크 300엔
리필 커피 300엔

헌책의 숲을 방황하다가 녹초가 되어 우연히 들어간 골목길에서 문득 눈을 끄는 남색 차양이 보입니다. 커피의 향긋한 냄새를 기대하고 계단을 오르자 카운터에서 점주인 스즈키 유스케(鈴木祐之)씨가 기대에 어긋나지 않는 커피를 타고 있습니다.

1994년 오픈한 쿠라는 단정한 분위기의 평온한 공간으로, 구멍이 하나인 메리타식 드립퍼로 추출하는 커피 한 잔은 다 마시고 나서 좀 더 마실 수 있을 것 같다고 느낄 수 있는 깔끔한 맛입니다. 카운터 자리에 앉든, 향기 그윽한 꽃들이 있는 큰 테이블에 앉든, 어느 자리에서나 마음 편히 독서에 집중할 수 있는 것은 스즈키씨 자신이 어떤 분위기에서 그 기쁨을 맛볼 수 있는지를 잘 알고 있기 때문입니다.

흘러나오는 잔잔한 재즈 음악도 조용히 독서하기에는 안성맞춤입니다. 벽면을 장식하는 그림은 서양화가 후나키 세이이치로(舟木誠一郎)의 대작 '침묵'입니다. 우연이겠지만 이것도 독서에 잘 어울리는 타이틀이네요. 카운터 맞은편의 벽에는 같은 화가가 쿠라의 가게 안의 모습을 그린 그림이 있는데, 그 모습이 마치 마주 보고 있는 거울 속에서 무한히 계속되는 것 같지만 정작 마치 아무 일도 없다는 듯이 조용히 벽에 걸려있습니다. 과연 진보쵸라는 문학적 정취가 가득한 이곳에 걸맞는 찻집답다는 생각이 듭니다. 진보쵸의 매력은 찻집 문화, 고즈넉한 고서점, 복고풍의 건축을 감상하고, 카레같이 다채로운 문화가 모여 있는 것이라는 스즈키씨는 "테마를 하나 정해서 거리를 걷다보면 무한한 매력을 알 수 있을 겁니다."라고 합니다. 진보쵸는 놀이공원 디즈니랜드가 아니라 산책하는 사람이 자기 나름대로의 재미를 발견해나가는 거리인 겁니다.

간다 神田

65 커피전문점 에이스
(珈琲専門店 エース)

ADD 도쿄도 치요다구 우치간다(東京都千代田区内神田) 3-10-6
TEL 03-3256-3941
OPEN 07:00~19:00 / 토 07:00~14:00
일, 공휴일 휴무
➥ JR 간다(神田)역 서쪽 출구에서 도보 3분

menu
각종 브랜드 커피 420엔~
카페 코르디알 520엔
멕시칸버터 커피 520엔
소피아풍 밀크 티 580엔
커피 젤리 540엔
각종 토스트 170엔~

1971년에 개업해서 성냥통을 떠올리게 만드는 이 커피점은 복고풍을 좋아하는 사람들을 매료시키기에 충분한 가게 구조입니다. 흰색과 밀감색의 줄무늬 차양이 매력적인 외관도, 비닐가죽 의자가 늘어선 카운터도, 이곳을 모델로 따로 모형을 만들어달라고 해도 될 정도입니다.

시미즈(清水)씨 형제와 아버지, 이 남자 3인조는 "작더라도 개성적인 가게로 만들고 싶었습니다."라며, 수십 종류에 이르는 스트레이트 커피와 다양하고 특이한 커피에 홍차를 더했습니다. 예를 들면 커피에 우유와 초콜릿을 섞고, 거기에 살짝 소금을 넣은 '카페 브라질레뇨'나 홍차를 우유로 우려낸 뒤 윌리아민

(Williamine)이라고 불리는 서양배 브랜디를 살짝 풍기게 한 '루마니아풍 밀크티' 등 다른 곳에서는 맛볼 수 없는 메뉴가 모여있습니다.

메뉴 개발을 통해 만든 빵에 구운 김과 버터 간장의 고소한 맛으로 만든 명물 메뉴 '원조 김 토스트'는 인근에서 일하는 사람들로부터 사랑받아왔습니다.

가게 외벽이나 안에 꽉 채워진 각종 글씨나 판넬 등은 형인 히데카츠씨의 작품으로 "제가 쉬는 날 만드는 것입니다. 손님이 두리번거리며 혼자라도 심심하지 않도록 말이지요(웃음). 낙타를 그린 원형 판넬은 카리브해에 있는 여러 나라의 커피콩을 브랜드한 골덴 카멜용으로 제작한 것입니다."

정말이지 애교 있는 표정입니다. 동생인 테츠오씨가 자전거로 커피를 배달하는 모습도 멋있습니다.

5 간다 진보쵸 · 헌책방 거리의 찻집

진보쵸 神保町

66 사보 간다브라지루
(茶房 神田伯剌西爾)

ADD 도쿄도 치요다구 간다진보쵸(東京都千代田区神田神保町) 1-7 고미야마 서점(小宮山書店) 빌딩 B1F
TEL 03-3291-2013
OPEN 11:00~21:00 / 일. 공휴일 11:00~19:00
1월 1일 휴무
➡ 지하철 진보쵸(神保町)역 A7번 출구에서 도보 3분

menu
각종 브랜드 커피 **550엔**
각종 스트레이트 커피 **550엔~**
각종 홍차 **600엔**
커피 젤리 **550엔**
케이크 세트 **850엔~**

고미야마 서점(小宮山書店)의 지하에 ⑴지자이카기(自在鉤)와 무쇠 주전자를 걸어 놓은 ⑵이로리(囲炉裏)를 가진 찻집이 있습니다. 1972년 개점 이래 변함없이 서민 예술적인 정취는 언뜻 보면 메밀국수집으로도 보일 수 있는 일본식 분위기로 꾸며져 있습니다. 넓은 가게를 활용하여 이 부근에서는 보기 힘든 금연석과 흡연석으로 나누어져 있습니다.

"진보쵸를 자주 찾는 사람들은 자기 나름대로 고서점과 찻집 순회 코스를 정해 놓고 그대로 따르고 있는 것 같습니

다."

자신도 헌책과 커피의 세계를 좋아해 이 찻집을 만들었다는 점장인 다케우치(竹內)씨에 의하면, 20년 이상에 걸쳐 하루 두 번 이곳에서 직접 로스팅하는 킬리만자로를 마시러 계속 오는 사람도 있답니다.

---

(1) **지자이카기(自在鉤)** : 붙박이 화로나 부뚜막 위에 걸어 놓고, 임의의 위치에 냄비·주전자 등을 달아 맬 수 있도록 된 갈고리
(2) **이로리(囲炉裏)** : 농가 등에서 마룻바닥을 사각형으로 도려 파고 난방용, 취사용으로 불을 피우는 장치

간다
神田

※ 폐점했습니다.

67 만소 후르츠파라 본점
(万惣フルーツパーラー本店)

ADD 도쿄도 치요다구 간다 스다쵸(東京都千代田区神田須田町) 1-16 만소 1.5F
➜ JR 간다(神田)역 동쪽 출구에서 도보 5분

menu
커피 525엔
오리지널 믹스주스 895엔
핫케이크 700엔
만소 과일 파르페 1260엔
과일 샌드위치 1260엔
과일 오믈렛 1350엔

1927년에 탄생한 후르츠파라에는 이케나미 쇼타로(池波正太郎)가 사랑한 것으로 유명한 핫케이크가 가장 인기 있는 메뉴입니다.

다른 카페에서 선보이는 핫케이크의 쫄깃쫄깃한 식감과는 달리 옛날 그대로의 맛을 살린 소박한 식감입니다. 화과자 장인과 함께 고안한 오리지널 시럽을 쓰면 완벽한 추억의 맛을 느낄 수 있습니다.

만소 후르츠파라에는 그 외에도 숨겨진 명품이 있습니다. 예를 들면 후르츠파라에서만 맛볼 수 있는 과일 오믈렛은 몽글몽글한 (1)수플레를 얇은 (2)크레이프로 싸서 오븐에서 구워, (3)커스터드 소스와 과일을 첨가한 것인데 그 크기에도 놀라지만, 가벼운 수플레는 입안에서 거품처럼 살살 녹아, 눈 깜짝할 사이에 다 먹어버립니다.

---

(1) **수플레** : 거품을 낸 계란 흰자위를 주원료로 하여 구운 과자
(2) **크레이프** : 밀가루에 우유·계란 등을 풀어 넣고 철판에다 얇게 구운 과자
(3) **커스터드 소스** : 우유와 계란을 섞은 것에 설탕·콘스타치(=옥수수 녹말)·향료 등을 섞으면서 중간불에 끓여낸 것

진보쵸 神保町

68 카페 티샤니
(カフェ ティシャーニ)

ADD 도쿄도 치요다구 간다진보쵸(東京都千代田区神田神保町) 2-3
TEL 03-3261-7200
OPEN 10:00~19:00
토, 일, 공휴일 휴무
➥ 지하철 진보쵸(神田)역 A5 출구에서 도보 3분

menu
브랜드 커피 650엔
각종 스트레이트 커피 700엔~
허브티 750엔
와플 250엔
케이크 세트 1000엔

시끌벅적한 분위기를 좋아하지 않는 사람이라면 사람들에게 잘 알려지지 않으면서도 괜찮은 이곳을 추천하고 싶습니다. 1991년에 오픈하여 찻집과는 또 다른 공간 구조로 진보쵸 거리 내 찻집의 다양성을 증명해줍니다. 회의에도, 독서에도 잘 어울리는 찻집 내의 고요함 속에 아름다운 수조에서 유영하는 열대어들도 명상에 잠겨있는 듯합니다. 초록색을 효과적으로 사용한 내부는 진보쵸에서 나고 자란 가게 주인이 직접 설계하였습니다. 고급스러운 가구는 유럽의 제품으로 특별 주문한 것입니다.

제 6장

재즈 찻집 · 명곡 찻집의 시대

신주쿠 新宿

69 더그 (DUG)

ADD 도쿄도 신주쿠구 신주쿠(東京都新宿区新宿) 3-15-12 B1F
TEL 03-3354-7776
OPEN 12:00~26:00 / 일, 공휴일 12:00~23:30
연중휴무
➡ JR 신주쿠(新宿)역 동쪽 출구에서 도보 5분

menu
브랜드 커피 **650엔**
카푸치노 **700엔**
각종 맥주, 와인 **760엔~**
다굿토 샌드 **430엔**
베구르빵 샌드 **650엔**
초콜릿 브라우니 **280엔**

모던 재즈와 혁명 그리고 전세계적으로 불안한 시대였던 1960년대, 재즈 찻집은 '재즈적 삶'에 심취한 젊은이들이나 학생 운동가들 혹은 단순히 유행을 따라가고 싶은 사람들의 아지트이자 시대를 비추는 거울이었습니다.

1961년에 오픈한 전설의 명점 DIG의 점주, 나카다이라 호즈미(中平穗積)씨는 그 시대의 선구자였습니다. DIG 이후 커피보다 술을 메인으로 해서 연 DUG는 후우게츠도(風月堂)와 나란히 신주쿠 문화의 핵심이 되어, 가게 이름은 무라카미 하루키 등의 작품에도 나왔습니다.

당시 뛰어난 음향과 해외의 음악정보를 구하는 사람들에게 있어서 재즈 찻집은 가까운 데 있는 정보원이었습니다. DIG는 풍부한 레코드 컬렉션을 자랑할 뿐만 아니라 촉망받는 재즈 평론가를 강사로 초빙하여 재즈 강좌를 다수 개최하여 각계의 아티스트가 찾아오는 문화 살롱으로서의 역할도 했습니다. 그런 DIG는 83년에 휴업했지만 DUG는 장소를 옮겨 현재도 영업 중입니다.

아들인 나카다이라 루이(中平塁)씨가 카운터에서 일하고 있는데, 벽에 걸린 재즈맨들의 사진은 호즈미씨의 작품들입니다. 사람들은 적당한 음량으로 흐르는 재즈를 배경으로 대화를 즐기기도 하고 맥주를 마시면서 책을 읽기도 합니다. 급진적인 음악부터 BGM으로 변모한 재즈의 모습이 그대로 명문 재즈 찻집에 반영되어 있습니다.

255
6 재즈 찻집 · 명곡 찻집의 시대

요츠야 四ッ谷

70 이구루
(いーぐる)

ADD 도쿄도 신주쿠구 요츠야(東京都新宿区四ッ谷) 1-8
TEL 03-3357-9857
OPEN 11:30~23:50 / 금 11:30~24:00 / 토 14:00~23:50
일, 공휴일 휴무
➜ JR 요츠야(四ッ谷)역 요츠야 출구에서 도보 3분

menu
커피 680엔
카페오레 720엔
각종 맥주 780엔~
각종 와인 700엔
케이크 세트 820엔
키쉬 세트 820엔
각종 파스타 850엔~

1967년은 존 콜트레인이 사망한 해이기도 하면서 이구루가 개점한 해이기도 합니다. 진지하게 음악을 듣는 스타일을 유지해 온 얼마 안 되는 정통파 재즈 찻집입니다. 21세기에 들어서 음식점으로서의 기능도 가지게 되면서 저녁 6시까지는 재즈 외에 사적인 대화는 금지되어 있습니다. 이것이 의외로 손님들에게 호응을 얻었습니다.

테이블에 책과 커피를 놓고 음악을 듣거나 책을 읽을 때는 자신도 모르는 사이에 음악에 빠져버리고 맙니다. 가게 주인은 『재즈 찻집의 아저씨는 왜 고압적인가』, 『재즈를 듣는 귀 단련법』 등의 저서로 유명한 고토 마사히로(後藤雅洋)씨로 재즈 찻집은 어쩌다보니 하게 되었다고 합니다. 의외로 소년 시절에는 다리 모형 만들기에 열중하여 교량 설계자가 되고 싶었다고 하네요.

"다리는 두 개의 지점을 연결한다는 명쾌한 목적을 가지고 있습니다. 그 구조에는 군더더기가 없고 합리성이 형상화되어 눈에 보이기 때문입니다."

그러고 보니 재즈 찻집이라는 존재도 재즈와 재즈 팬 사이를 연결하는 다리 역할을 하는 그 자체입니다. 고토씨의 저서나 가게의 자세도 좋은 다리 역할을 하려고 하는 "재즈 찻집 아저씨"의 정신이 깔려있습니다. 토요일 오후에 음악 관계자를 게스트로 초대해서 하는 "이구루 연속 강연"은 그런 신념의 표시겠지요. 재즈란 무엇인가라는 고민이 일본의 독특한 재즈 찻집라는 개념을 만들었습니다. 그것들을 둘러싼 고토씨의 안목은 신뢰할 만합니다. 이구루에 다니다 보면 재즈가 귀에 못이 박힐 때까지 들어보고 싶어집니다.

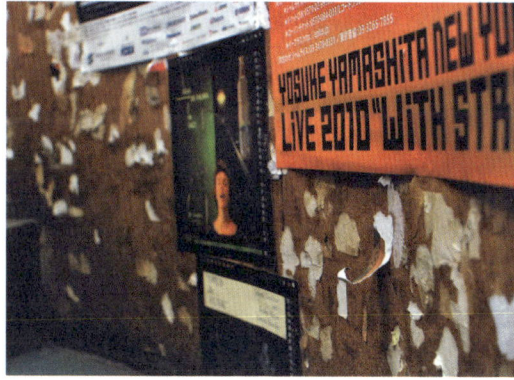

도쿄 찻집 東京の喫茶店

나카노신바시 中野新橋

71 지니아스
(GENIUS)

ADD 도쿄도 나카노구 혼쵸(東京都中野区本町) 3-2-10
TEL 03-3372-3471
OPEN 12:00~23:00
목요일 휴무
➡ 지하철 나카노신바시(中野新橋)역에서 도보 3분

menu
브랜드 커피 2종 **486**엔
카페오레 **540**엔
맥주 **540**엔
치즈케이크 **432**엔
BLT 샌드 세트 **1080**엔
우동 세트 **1026**엔

오후의 조용한 주택가 한 곳에 자리하고 있는 빨간 문을 열면 동네사람 둘이서 담소중이고 벽에 설치된 스피커에서 나오는 색소폰의 부드러운 음색은 대화를 방해하지 않도록 나즈막히 흘러나옵니다. 반대로 밤이 되면 볼륨을 높여서 단숨에 재즈 찻집다운 면모를 보여줍니다.

지니아스는 1970년에 시부야에서 탄생하여, 굴지의 "정통파"로서 도겐자카 재즈 찻집 황금시대를 구축한 후 버블시기의 땅값 급등으로 인해 89년에 이곳으로 이전했습니다. 점주인 스즈키 쇼이치(鈴木彰一)씨는 학창시절부터 8년간 DIG에서 레코드 담당으로 활약하면서 탁월한 청감과 센스 있는 뛰어난 선곡으로 잘 알려진 인물입니다. 지금의 가게명은 DIG의 나카다이라(中平)씨가 명명했습니다.

"옛날의 재즈 찻집은 가게에서 크게 튼 음향을 듣기 위한 곳이였죠. 지금은 반대로 8천장을 넘는 레코드 중에서 손님에게 맞는 곡이 들어있는 레코드 한 장을 열심히 골라서 어떻게 하면 손님을 기쁘게 해줄까 하는 생각에 푹 빠졌어요."라고 스즈키씨는 말합니다.

재즈 찻집을 오랫동안 즐겨온 단골손님은 틀어주는 레코드를 듣기만 해도 바둑처럼 미리 수를 읽어서 그 다음은 어떤 곡이 나올지 알아맞혀 본다고 합니다. 그렇기에 재즈 찻집은 열 번 정도 가서는 절대 그 깊이를 알 수 없다고 하는 스즈키씨입니다.

"여러 재즈 찻집을 가서 즐겨주세요. 그렇지만 지니아스에는 다른 곳보다 한 번 더 많이 와 주세요."

시부야 渋谷

72 메아리 젠
(Mary Jane)

ADD 도쿄도 시부야구 사쿠라가오카(東京都渋谷区桜丘) 2-3 후지상사(富士商事) 빌딩 2F
TEL 03-3461-3381
OPEN 12:00~23:00 / 금 12:00~24:00
월요일 휴무
↪ JR 시부야(渋谷)역 서쪽 출구에서 도보 3분
※ 전석 금연

menu
에스프레소, 홍차 600엔~
와인, 맥주 600엔~
각종 위스키, 사케 700엔~
홈메이드 고기 테린 800엔
계절 추천 요리 600엔~
각종 파스타 1000엔
각종 스위트 600엔

재즈 찻집이라고 하면 고정된 이미지가 떠오르지만 메아리 젠은 1972년 개점 이래 그 틀에서 벗어나려고 해온 재즈 찻집입니다. 초대 점주인 후쿠시마 테츠오(福島哲雄)씨가 고른 장소는 어두컴컴한 지하가 아니라 자연광이 들어오는 2층 플로어였습니다. 아직 드물었던 에스프레소나 식사를 목적으로 오는 사람도 많아, 2005년부터 마츠오 시로(松尾史朗)씨가 이곳을 물려받아 유명세를 이어가고 있습니다. 직원인 가와이씨가 만드는 제철요리는 요리로 유명한 카페와 어깨를 나란히 할 정도로 맛있습니다. 하지만 마츠오씨가 말하길 "요리도 선곡도 열심히 하고 있지만, '이거 어때? 괜찮지!'라는 듯한 제공방식은 성격에 맞지 않아요."

입구 계단의 분위기는 소심한 사람에게는 살짝 부담스러울 수 있지만 일단 발을 들이면 자유로이 쉴 수 있는 공간이라는 것을 알 것입니다. 마츠오씨도 어느 날, 빨려 들어가듯 계단을 올라간 이래로 이곳의 단골손님이 되었다고 합니다.

"음악이 사람에게 강렬한 충격을 줄 수 있었던 시대에 느꼈던 즐거움만 생각해서 몇 십 년이나 재즈 찻집을 계속하는 것은 솔직히 한계가 있어요."라며 냉정하게 분석하면서도 음악을 진지한 태도로 대하고 있습니다. 좋은 재즈 찻집 점주는 냉정과 열정사이를 사는 것일지도 모릅니다.

6 재즈 찻집 · 명곡 찻집의 시대

기치죠지 吉祥寺

73 존 헨리즈 스타디
(John Henry's Study)

ADD 도쿄도 무사시노시 기치죠지 혼쵸(東京都武蔵野市吉祥寺本町) 1-8-14 산스이(山水)빌딩 3F
TEL 0422-21-3854
OPEN 11:30~24:30 / 금, 토, 공휴일 전 11:30~25:30
연중무휴
➡ JR 기치죠지(吉祥寺)역 북쪽 출구에서 도보 5분

menu
각종 커피, 홍차 594엔~
팥 밀크 648엔
각종 맥주, 와인, 칵테일 756엔~
각종 스파게티 993엔~
각종 케이크 세트 799엔
(※ 차 종류 메뉴는 ~17:30)

도쿄 찻집 東京の喫茶店

역 앞 건물의 리모델링이나 기존에 있던 백화점들이 폐점하면서 시대의 흐름에 따라 변모하고 있는 기치죠지는 40년 전 역 앞에 많은 건물들이 나타났으며, 대형 백화점이 진출하는 대규모 재개발이 행해졌던 곳으로 어찌보면 시대가 한 바퀴 돈 것 같습니다.

1970년대 당시의 기치죠지는 신주쿠와 더불어 재즈 팬의 순례지가 되었습니다. 이때, 큰 공헌을 한 사람은 재즈 찻집 '펑키'로 재즈 찻집 붐에 불을 지핀 고(故) 노구치 이오리(野口伊織)씨와 훗날 재즈 평론가로서 이름을 떨친 '메구'의 테라시마 야스쿠니(寺島靖国)씨입니다. 두 사람은 경쟁하면서 재즈 찻집을 열어가며, 좁았던 거리가 마치 재즈 찻집 거리처럼 되었습니다. 쭉 늘어선 모아, 스쿠랏치, 보니&쿠라이도 그리고 John Henry's Study, 이 네 개의 재즈 찻집 & 바는 모두 테라시마 야스쿠니씨가 오너입니다.

가공의 신사 존 헨리의 서재를 본뜬 가게 안은 중후한 서재에 앤티크 풍의 책이 진열돼 세련된 모습입니다. 재즈는 배경음악으로 흐르고, 낮에는 여성들이 런치 장소로 붐빕니다. 저녁 5시 반부터는 바 타임(Bar time)으로 200종류가 넘는 칵테일 중에는 스탠다드 넘버 곡명을 붙인 오리지널도 있습니다.

깨달음을 얻기 위해 듣는 재즈에서 즐기는 재즈로 잡담이 가능한 21세기형 재즈 찻집으로 변화하고 있습니다.

시부야 渋谷

'74 메이쿄쿠 깃사 라이온
(名曲喫茶 ライオン)

ADD 도쿄도 시부야구 도겐자카(東京都渋谷区道玄坂) 2-19-13
TEL 03-3461-6858
OPEN 11:00~22:30
연중무휴(연시와 여름 4일간만 쉼)
➜ JR 시부야(渋谷)역 하치코(ハチ公)출구에서 도보 7분

menu
커피 550엔
코코아 620엔
밀크티 570엔
레모네이드 720엔
말차 플로트 720엔
아이스크림 620엔

찻집 유산으로서 영원히 보존하고 싶은 그런 전설적인 가게입니다. 지하 1층, 지상 3층 건물의 고풍스럽고 웅장하며 아름다운 찻집 건축도, 클래식 음악을 조용히 듣는 명곡 찻집이라는 양식도, 찻집을 사랑하는 마음이 저절로 들게 만드는 곳입니다.

조용함을 지켜야 한다는 룰 이외에 특별한 것은 아무것도 없습니다. 잃어버리면 두 번 다시 재현할 수 없는 고전적인 명곡 찻집 가게 안은 아름다운 푸른 조명이 은은하게 비추고 있습니다. "푸른 조명은 명상적이므로 새로운 악상을 떠올리기에 좋다고 초대 오너가 고집한 것입니다."라는 3대째 점주인 이시하라 케이코(石原圭子)씨입니다. 여러분들도 푸르고 조용한 시간을 꼭 체험해 보세요. 맨 처음 세워진 가게는 1926년으로 도쿄대공습으로 인해 전소했지만 레코드를 완전 처음부터 사 모아 재건하였습니다.

"전쟁 당시 머무르고 있던 다른나라 군인들이 두고 간 레코드를 노점상에게서 사기도 했답니다."

화가를 지망했던 초대 점주인 야마데라 야노스케(山寺弥之助)씨는 점포에 거대한 스피커도 직접 설계했습니다. 2층까지 뻥 뚫려있는 공간에 음향장치와 화려하게 빛나는 샹들리에는 감탄스러울 뿐입니다. 유럽의 고성(古城)을 연상케 하는 2층의 공들인 디자인도 볼만합니다.

간사이 지방에서 레코드를 가지고 오는 단골손님들도 있다면서 "옛날부터 계속 오던 손님들이 실망하지 않도록 하고 싶습니다."며 해마다 관리가 힘들어지는 건물이나 의자의 보수에 골치를 썩으면서도 푸른 조명은 계속 켜져 있습니다.

고엔지 高円寺

75 르네상스
(ルネッサンス)

ADD 도쿄도 스기나미구 고엔지미나미(東京都杉並区高円寺南) 2-48-11 호리만(堀萬) 빌딩 B1F
TEL 03-3315-3310
OPEN 12:00~19:30 / 토, 일, 공휴일 12:00~21:30
월, 화 휴무(공휴일인 경우는 영업)
↪ JR 고엔지(高円寺)역 남쪽 출구에서 도보 5분

menu
커피 400엔
홍차 400엔
주스 400엔
(※ 음식 지참 자유)

독특한 일화가 많이 전해져 오는 나카노(中野)의 명곡 찻집 '클래식'의 옛스러운 건물은 2005년 폐점과 더불어 해체되었지만 그 2년 후, 클래식의 유품과 혼을 이어받은 젊은 명곡 찻집이 탄생했습니다.

계단을 내려가면 오래된 가구 특유의 눅눅한 공기가 맞이해줍니다. 80년, 90년대 대학시절 졸업 논문을 쓰러 다니면서 들었던 클래식 냄새! 자리가 가까워도 시선이 마주치지 않도록 턱을 많이 지게한 객석이 멋있게 재현되어 있었습니다. 점주는 클래식 직원이었던 히야마 마키코(檜山 真紀子)씨와 또 한 명의 여자분이 함께 하고 있습니다. "2대째 미마사카(美作) 마담이 사망한 후, 가게가 문을 닫게 되어 가구는 처분하게 되었습니다."

잡동사니 취급받던 물건들은 예전부터 나카노의 3대 기인으로 불린 창업자, 고(故) 미마사카 시치로(美作七朗) 마스터의 발명품입니다. 예를 들면 세면기를

용접한 축음기나 소쿠리를 덮어씌운 이상하기 짝이 없는 램프, 히야마씨는 그것들을 물려받아 새로운 가게를 구할 때까지 소중히 자신의 집에 보관해 두었다고 합니다. 그래서 이 찻집은 찻집을 사랑한 사람들의 손으로 되살아나게 되었다니 얼마나 행복한가요. 가게 안은 낡은 레코드에서 흘러나오는 잡음 섞인 음악과 깊은 편안함으로 가득 차 있습니다. 꼭 여기서 오랜 시간을 보내보세요. 신청하고 싶은 노래가 있다면 칠판에 명곡도 적어보세요.

学芸大学
가쿠게이 다이가쿠

76 헤이킨리츠
(平均律)

ADD 도쿄도 메구로구 다카반(東京都目黒区鷹番) 3-7-5 2F
TEL 03-3716-6537
OPEN 12:00~20:00 / 토, 일, 공휴일 13:00~20:00
월요일 휴무(공휴일인 경우는 영업)
➥ 토큐토요코선(東急東橫線) 가구게이 다이가쿠(学芸大学)역 서쪽 출구에서 도보 1분

menu
각종 브랜드 커피 600엔
각종 스트레이트 커피 600엔~
각종 홍차(포트 서비스) 600엔~
각종 중국차(다과 포함) 700엔~
크로크무슈 600엔
베이크드 치즈케이크 400엔

헤이킨리츠는 11년간의 공백을 거친 후 부활한 명곡 찻집입니다. 공백이 길면 재개하는데 상당히 힘들 테지만 "손님과 약속했으니까"라고 말하는 점주 아리가 유우헤이(有賀雄平)씨입니다. 부인과 교대로 카운터에서 아리타야키나 로열 코펜하겐 같은 컵에 깔끔한 쓴맛을 가진 하기와라 커피의 원두를 드립하고 있습니다.

석양이 질 때의 아담한 가게 안은 담소하는 사람들과 독서에 푹 빠진 사람들로 항상 만원이었습니다. 따뜻한 질감이 나는 굵은 대들보나 나무문은 옛날 민가에서 사용되었던 것입니다. 바로크의 선율이 공간을 가득 메우고 있는데, 여기에서 가장 음악에 가만히 귀를 기울이고 있는 것은 융한스(독일의 유명한 시계회사)의 앤티크 시계인 듯합니다.

제1기 헤이킨리츠는 1980년에 하라주쿠에서 탄생하여 10년 동안 아티스트들에게 애용되어 왔습니다. '언젠가 또 만납시다.'라고 약속을 하고 폐점한 후 2001년에 가쿠게이대학(学芸大学)에서 재개해서 하라주쿠 시대 그대로의 공간이 옛날과 지금의 손님들에게 사랑받고 있습니다.

재즈 찻집이든, 명곡 찻집이든 점주는 오디오 매니아, 연주 테크닉 주의자, 순수한 음악 감상파 등의 타입으로 나뉘어지는 것 같은데, 헤이킨리츠의 점주 아리가씨는 주로 바로크 음악이 가진 마음을 치유하는 기능을 중시하고 있습니다. 그러면서 마지막으로 덧붙입니다. "사람을 좋아하지 않으면 이 일은 할 수 없지요."

진보쵸 神保町

77 피아노 훠루테
(ピアノフォルテ)

ADD 도쿄도 치요다구 사루가쿠쵸(東京都千代田区猿楽町) 1-5-20 다바타(田端) 빌딩 1F
TEL 03-6273-7987
OPEN 11:00~21:00 / 토, 공휴일 12:00~20:00
일요일 휴무
➥ 지하철 진보쵸(神保町)역 A5번 출구에서 도보 6분
➥ JR 오차노미즈(お茶ノ水)역 오차노미즈바시(お茶ノ水橋) 출구에서 도보 6분
※ 진식 금언

menu
커피 **500엔**
비엔나 커피 **600엔**
아이리슈 커피 **700엔**
커피 젤리 **500엔**
치즈케이크 **300엔**

2011년 2월, 야마노우에(山の上) 호텔 뒤쪽 언덕을 내려온 한 곳에 음악감상도, 수다도 독서도 즐길 수 있는 명곡 찻집이 탄생했습니다. 신주쿠에서 운영하고 있던 피아노 훠루테가 가구와 음향장치 그대로 진보쵸로 이전했습니다.
점주인 나카무라 테츠야(中村哲也)씨는 오랫동안 명곡 찻집을 운영해왔습니다. 오디오 장치는 "1960년 전후의 고음질의 덱카(Decca) 레코드를 듣고 싶어서 전문가에게 특별히 만들어달라고 부탁했습니다. 베토벤의 교향곡 전집이 잘 어울리도록 말이죠."
스피커에서 흘러나오는 현악기의 유려한 울림이 하기와라 커피의 원두와 엄선된 생크림으로 만드는 비엔나 커피의 맛을 한층 더 돋궈줍니다. 현대의 명곡 찻집은 심플하고 평범한 모습을 하고 있습니다.

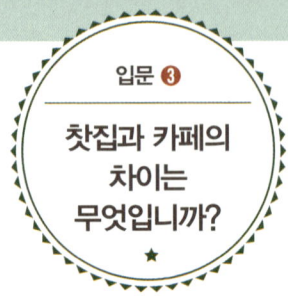

입문 ❸ 찻집과 카페의 차이는 무엇입니까?

등장인물
Ⓚ … 이 책의 저자. 가와구치 요코. 찻집 마니아. 물론 카페도 좋아함.
Ⓢ … 이 책의 편집자. 20대 남자. 주로 카페를 이용한다.

Ⓚ 이제 S씨도 자신이 어떤 찻집과 궁합이 잘 맞는지 알게 되었나요?

Ⓢ 예! 너무 번잡하지도 너무 조용하지도 않은 찻집이 저와 잘 맞는 것 같아요.

Ⓚ 찻집의 데시벨(소리 크기)에 중요성을 두었군요.

Ⓢ 너무 조용해도 편하지 않은 것 같아요. 그런데 근본적인 의문입니다만, 도대체 카페와 찻집은 어디가 다른 건가요?

Ⓚ 개인적으로는 다르지 않다고 생각하고 있습니다.

Ⓢ 네? 인터넷에서는 술이 놓여있는 곳이 카페이고, 없는 곳이 찻집이다라는 글을 자주 봅니다만….

Ⓚ 그 이야기는 아마 식품위생법이 근거겠지요? 하지만 식품위생법은 1990년대 후반에 도쿄에서 카페의 유행이 시작하기 몇 십 년이나 전에 만들어진 거잖아요.

Ⓢ 그럼 당시는 아직 현재와 같은 카페가 없었던 거네요?

Ⓚ 아마도요. 술의 유무로 정의하면 단순히 딱 두 개로 갈라지니까 이 설이 퍼진 게 아닐까요. 실제로는 술이 있는 찻집도, 술이 없는 카페도 많이 존재하지요.

Ⓢ 혹시 점주가 카페라고 칭하면 카페고, 찻집이라고 칭하면 찻집이라고 한다던가….

Ⓚ 정답입니다. 본질적으로는 똑같다고 생각해요. 그런데 흥미로운 것은 모두가 아주 자연

스럽게 찻집과 카페를 구분해서 부른다는 것이지요. 예를 들면 진보쵸의 미롱가는 찻집일까요? 카페일까요?

ⓢ 찻집이지요.

ⓚ S씨가 좋아하는 나카메구로(中目黑) 라운지는요?

ⓢ 그건 카페예요!

ⓚ 그런데 두 가게는 어디가 다르죠?

미롱가에는 세계 각국의 맥주가 갖춰져 있고, 메뉴에는 피자도 케이크도 있고 탱고도 들을 수 있습니다.

ⓢ 으ㅡ음….

사고의 자유

ⓚ 찻집과 카페의 차이에 대해 모두가 가지각색의 설을 들으며, 사고의 자유를 즐기는 것도 찻집을 사랑하는 마음이죠, 그렇죠? 이제 마음대로 정의해도 좋다고 말할 수 있지 않을까요?

ⓢ 알겠습니다. 찻집은 짙은 갈색이고, 카페는 흰색(웃음).

ⓚ 음, 바로 그런 느낌이지요. 찻집에 있는 것은 마스터이고, 카페에 있는 것은 오너라든가.

ⓢ 찻집의 런치는 추억의 맛인 나폴리탄이고, 카페의 밥은 세련된 느낌의 파스타입니다.

ⓚ 센스있네요! 카페는 카푸치노이고, 찻집은 비엔나 커피라든가. 그리고 90년대 후반에 오픈한 것은 전부 카페, 그 이전은 찻집이라는 대담한 정의도 할 수 있을 것 같네요. "우리는 카페가 아닙니다."라고 주장하는 카페를 예외로 하고요.

ⓢ 그래요. 얼마든지 마음대로 할 수 있을 것 같네요.

ⓚ 예. 다른 사람한테서 들은 이야기 중에 인상적이었던 것은, 찻집의 루트는 영국이고, 카페의 루트는 프랑스라고 하는 설입니다.

ⓢ 그 뜻은?

ⓚ 대영제국 시대의 런던에는 커피 하우스가 크게 유행하여 점내에서 정보 교환과 상담, 정치 이야기가 많이 행해졌답니다. 신문도 무료로 마음껏 읽을 수 있었고요. 하지만 유행

말기에는 폐쇄적인 성격이 강해져서 신사들의 회원제 클럽문화가 싹트기 시작했어요.
- Ⓢ 그렇군요. 신문을 마음대로 읽을 수 있어서 커피 하우스가 찻집의 시작이라는 말씀이시죠?
- Ⓚ 그 뿐만이 아니에요.
프랑스에서도 커피 하우스의 영향을 받아 카페가 탄생하지만, 이쪽은 상류계급의 살롱으로서 유행한 것이 일반 시민에게도 보급되어, 예술가나 계몽 사상가들이 모이는 카페가 늘어갔습니다. 대중화된 카페에서의 자유로운 논의가 시민 혁명을 준비한 것이지요.
- Ⓢ 아, 그렇군요. 결국 찻집의 루트는 닫힌 공간이고, 카페의 루트는 오픈된 공간이란 말인가요.
- Ⓚ 듣고 보니. 그렇게 보면 그렇게 되네요.

※ 참고로 이 이야기는 오모테산도의 찻집 카운터에서 마스터가 이야기해주었습니다.

모든 길은 찻집으로 통한다

- Ⓢ 일본에서 최초의 찻집은 1888년에 우에노에 오픈한 카히사칸(可否茶館)으로 되어있습니다. 뜻이 높은 가게였던 것 같습니다. 그리고 20년 후, 긴자에 카페 프란탄과 카페 파우리스타가 생겼습니다. 그쪽은 카페의 원조입니다.
- Ⓚ 흥미를 끄는 것은 카히사칸(可否茶館)의 오너가 시애틀에서 세상을 떠난 것입니다. 그리고 나서 100년 후에 시애틀의 스타벅스가 일본에 상륙하죠? 나선상으로 윤회하고 있는 것처럼 '커피가 있는 공간'을 사랑하는 사람들의 마음이, 역사와 더불어 세계를 빙글빙글 돌고 있다고 느끼지 않으세요?
- Ⓢ 아, 방금 잠깐 찻집에 다시 가고 싶어졌어요. 그럼 이제 곧 끝날 것 같으니까 마지막으로 뭔가 한 말씀 부탁드립니다.
- Ⓚ 여러 가지로 말씀드렸는데 모두 잊어버려도 괜찮습니다.
- Ⓢ 무슨 소리세요~!
- Ⓚ 찻집은 그냥 좋아하기만 하면 되는 겁니다.

S 와, 딱 맞는 말이네요. 좋은 찻집을 만나려면?

K 이 책 한 권을 들고 오래된 거리를 어슬렁거리며 산책해보는 것이라고 할까요. 거리의 모든 길이 사람들이 편하게 쉴 수 있고, 새로운 만남을 가질 수 있는 찻집으로 통하고 있으니까요.